LE GRAND ÉPUISEMENT

LE GRAND ÉPUISEMENT

IL EST VRAIMENT TEMPS DE PRENDRE SOIN DE NOS SOIGNANTS…

Antoine Loron

LE GRAND ÉPUISEMENT

SOMMAIRE

PRÉFACE

La fin des années 1980 a été fortement marquée par le concept d'« hôpital entreprise », qui signait la fin du service public hospitalier tel qu'il avait longtemps prévalu.

Fini l'abondance, *exit* le budget global, trop de prescripteurs et trop d'abus, il était grand temps de remettre de l'ordre dans tout ça. Et pour les nouveaux managers hospitaliers, ordre signifiait processus, rationalisation et efficience.

Nous sentant vaguement coupables des excès de nos aînés, nous nous sommes lancés dans cette folle entreprise : le juste soin au juste lieu et au juste coût.

C'était, hélas, occulter totalement l'évolution de la société, l'épidémie de maladies chroniques liées à la sédentarité, au stress et à la malbouffe, le vieillissement d'une population aux pathologies multiples, et l'allongement de la durée de vie. Et nous le savions bien au fond de nous que l'hôpital n'était pas et ne pouvait pas être une entreprise comme les autres.

Fermetures de lits, regroupements de plateaux techniques, maternités pléthoriques, numerus clausus extrêmes

– si sur le papier les calculs tenaient la route, sur le terrain, les soignants, désabusés, pressurisés, se vivent en variables d'ajustement, ce qu'aggrave un turn-over inédit qui touche l'ensemble des métiers du soin.

L'hôpital est bien, comme l'écrit le Pr Grimaldi, « malade de la rentabilité[1] », et ce sont les professionnels de santé qui en sont les premières victimes. Car comment préserver durant toute une carrière l'engagement originel, quand le système n'a de cesse de standardiser votre travail, niant l'humanité indispensable pour exercer ce métier tout autant que vos besoins fondamentaux ?

Secrétariats partagés, médecins assignés devant leurs claviers sommés de tracer leur activité en temps réel plutôt que de mieux soigner, fini l'époque des infirmières qui connaissent les patients et peuvent évaluer l'urgence d'un rendez-vous ou la flexibilité des emplois du temps, reprendre les explications de médecins pressés car incités à rentabiliser un acte qui n'a aucune chance de l'être. Plus d'aide-soignant pour organiser et faciliter le travail des équipes. Plus de temps dits « morts », ces moments précieux qui permettent à une équipe de se ressourcer, de partager ses questionnements ou ses inquiétudes. La contrainte de rentabilité a clairement exacerbé la souffrance au travail.

Ce qui semblait sur le papier éthique et raisonnable est vite devenu un piège, une machine à broyer et à désespérer. Le syndrome d'épuisement professionnel, réel ou ressenti, touche toutes les catégories de soignants et, pour la première fois, nous nous sommes mis à comptabiliser non

[1] Pr Grimaldi A., *L'Hôpital malade de rentabilité*, Paris, Fayard, 2009.

seulement les démissions d'infirmiers ou de sages-femmes, mais aussi les suicides d'internes et de médecins seniors.

Bien plus qu'une crise de la vocation, nous sommes donc aujourd'hui confrontés à une crise du sens.

Notre système de santé continue à tenir la route et de nombreux pays nous l'envient. L'accès aux soins reste en grande partie préservé, malgré les déserts médicaux, malgré l'absentéisme et le désenchantement, mais il reste entaché d'une faute originelle : son coût.

Tandis que le Pr Vallancien revendique la notion d'hôpital entreprise[2] et forme des vœux pour une politique hospitalière managériale courageuse, qui promeut la prise de risque, valorise l'esprit d'équipe et encourage la faculté d'évaluation permanente, Éric Chenut, président de la Mutualité française, estime qu'il est urgent de refonder le système de santé, de le « déshospitalocentrer » et de le « démédicocentrer »[3]. Il appelle à construire une meilleure médecine de prévention, à favoriser (par une meilleure rémunération) la permanence des soins et à offrir une meilleure articulation entre la ville, l'hôpital et le champ médico-social.

Par ailleurs, de nombreux docteurs Diafoirus, qui se pressent au chevet de la santé, proposent des programmes très ambitieux qui risquent, hélas, de rester longtemps incantatoires.

Mais avons-nous d'autres pistes plus concrètes, plus immédiatement mobilisables ?

---

[2] www.lepoint.fr/debats/vallancien-l-hopital-doit-s-inspirer-des-entreprises-florissantes-25-05-2022-2476997_2.php

[3] www.essentiel-sante-magazine.fr/mutuelle/actualites/mutualite-francaise-eric-chenut-refonder-systeme-sante

Fort de ses cinq années d'expérience dans l'organisation hospitalière, Hublo se donne pour ambition de faciliter la vie des soignants et notamment de l'encadrement de proximité, en le libérant au maximum des tâches ingrates et répétitives que sont la recherche de remplaçants et la complexité liée à la permanence des soins.

L'objectif clairement revendiqué est de rendre les établissements de santé épanouissants pour leurs salariés, notamment en mettant à disposition des outils qui les aident à être plus attractifs en dégageant du temps pour le soin.

Opérateur de santé incontournable pendant la crise de la Covid-19, Hublo a contribué gratuitement et permis de mobiliser près de 60 000 professionnels inactifs au bénéfice de 7 000 établissements, et pose aujourd'hui une question essentielle : peut-on aller plus loin dans la digitalisation de la santé ?

Pour Antoine Loron, son cofondateur, le meilleur management se déploie dans les start-up alors que c'est le service public qui aurait besoin des meilleurs managers. Mais là encore, comment les attirer pour gérer cet autre mammouth qu'est l'hôpital public ?

L'été 2022, été de tous les dangers pour l'hôpital, notre système de santé a tenu le choc en particulier grâce au financement d'heures supplémentaires et de temps additionnels qui laissent l'hôpital exsangue, incapable de prédire s'il pourra continuer à payer les salaires d'ici Noël.

Dans son ouvrage, Antoine Loron nous propose quelques idées fortes pour sortir de l'impasse :

- redonner du sens au travail collectif dans le soin, en reconnaissant la place et l'apport de chacun dans l'objectif global. Pour lui, près de 500 000 soignants concernés ne voient plus le sens de leur travail, or le geste le plus banal, telle une toilette réalisée par une aide-soignante, contribue à la qualité du soin ;

- intégrer les soignants dans la communication institutionnelle, en leur donnant accès à l'information au travers de messageries par exemple, et en favorisant les interactions entre pairs. La question du budget notamment lui semble mériter la plus grande transparence, assortie d'une interprétation afin que les objectifs soient compris et partagés par le plus grand nombre ;
- anticiper l'évolution technologique car on aura beau automatiser et digitaliser, les progrès techniques et l'intelligence artificielle ne feront que renforcer l'importance de l'humain et du soignant ;
- mobiliser les soignants autour de l'enjeu environnemental majeur qui nous attend car le dérèglement climatique va générer de graves et inédites crises sanitaires.

Cela suffira-t-il à faire revenir les infirmières et infirmiers auprès des patients, les sages-femmes en salle de naissance et les jeunes médecins à l'hôpital ?

Rien n'est moins sûr mais en attendant les lendemains qui chantent, tout ce qui peut redonner du souffle et du sens est nécessaire. Sans oublier ce que les nouveaux acteurs attendent de leur hôpital, le respect et la reconnaissance bien sûr – notamment salariale –, mais plus encore la flexibilité qui leur permettrait enfin et contrairement à leurs aînés de préserver le meilleur équilibre entre vie personnelle et vie professionnelle. L'appel à l'engagement et à la vocation n'est plus – et il était grand temps – la solution ultime pour éviter l'effondrement.

Je me réjouis de voir que de jeunes et brillants entrepreneurs que rien ne prédisposait à se passionner pour l'hôpital public s'emparent de ce sujet pour y injecter leurs compétences et leur créativité. C'est bien sûr rassurant pour nous, génération sortante, mais surtout pour l'avenir de nos enfants et petits-enfants, futurs usagers de notre formidable mais tellement à bout de souffle « système de santé à la française ».

Docteur Ghada Hatem-Gantzer,
gynécologue-obstétricienne,
fondatrice de la Maison des Femmes de Saint-Denis.

INTRODUCTION

À l'approche de cet été 2022, les présages pour l'hôpital, dont les urgences sont le révélateur, étaient alarmants. Le manque chronique de personnel, les arrêts maladie et les congés d'été faisaient redouter des fermetures sur tout le territoire. Une catastrophe nationale était une possibilité plus que probable. Pourtant, l'hôpital français a tenu, encore une fois grâce aux efforts des professionnels qui ont accepté des heures supplémentaires pour faire tenir les services, à bout de bras et sur un mode minimum: «70, 80, et jusqu'à 90 heures par semaine, et les infirmières ont répondu présent de l'après-midi pour le soir[4].» Grâce à des mesures prises dans l'urgence et qui ne sont que temporaires, «l'hôpital a tenu mais au détriment des soins et au détriment des patients», témoignait Guillem Bouilleau, chef de service des urgences à l'hôpital de Chinon, le 31 août 2022[5].

[4] www.francebleu.fr/infos/sante-sciences/indre-et-loire-les-services-d-urgence-ont-tenu-cet-ete-mais-sans-aucune-reconnaissance-financiere-1661933490

[5] *Ibid.*

Si nous sommes encore une fois passés à côté de la catastrophe, le fond du problème reste inchangé, et la crise profonde. Nos soignants sont épuisés. L'hôpital fonctionne en mode dégradé depuis des années, y compris en dehors des crises de grande ampleur comme celle de la Covid-19. Jusqu'à quand ? Pour comprendre pourquoi nous en sommes là et nous en sortir collectivement, il faut regarder en face les raisons de ce déclin et être très lucides sur ses conséquences majeures. En plus des enjeux sanitaire, démographique, climatique, voire géopolitique dans le contexte de la guerre en Ukraine, la dégradation de notre système de santé met en grave danger notre modèle français dans toutes ses composantes.

C'est pourquoi je ne cesserai de répéter qu'il est urgent de rendre aux soignants leur juste place. Les métiers du soin sont depuis trop longtemps systématiquement considérés comme des carrières de vocation. Le système repose donc aujourd'hui en grande partie sur leur bonne volonté, leurs idéaux et leur professionnalisme – de l'émotionnel et du vocationnel en somme. Mais les conditions de travail sont devenues telles que même ces valeurs se vident de leur sens. Les soignants sont chaque jour confrontés à leur impuissance d'accomplir leur mission ; à la place, ils effectuent des tâches à la chaîne, loin de leur vision du métier. Si même les soignants ont perdu le sens du soin, dans quelle civilisation sommes-nous entrés ? Nous devons les remettre à l'honneur dans notre Société.

Parmi les urgences, il faut également repenser la division du travail à l'aune des avancées technologiques. Si de nouveaux outils s'invitent dans la santé, le savoir-faire des paramédicaux est proprement humain, donc précieux et *irremplaçable*. Fort de ce postulat, on s'attellerait ainsi à soulager les tâches qui peuvent l'être par la technologie, et dans le même temps à changer notre regard sur les autres : les compétences humaines et essentielles constituent de véritables *talents* individuels autant qu'une richesse commune, et elles doivent être reconnues et valorisées *comme telles*. La technologie doit proposer des solutions audacieuses, mais aussi humbles et responsables, au service des professionnels de santé.

Une fois identifiés les origines et les enjeux de cette crise profonde, il faut repenser entièrement le système, vers une modernité organisationnelle, managériale et sociétale. Les mutations du travail, en accélération notable depuis une vingtaine d'années avec des à-coups inédits post-Covid, n'ont eu *aucune* répercussion sur le personnel paramédical. L'approche existentielle de la mission, l'importance de la flexibilité dans le travail, les nouveaux rapports à la hiérarchie, à l'autonomie et au collectif, les impacts de la digitalisation – toutes ces tendances de fond sont absentes des considérations qui régissent les conditions de travail des soignants. Pour libérer du temps de soin et redonner la main aux professionnels, il faut commencer par stabiliser le modèle ressources humaines (RH) de la santé, en le modernisant et en le rationalisant. Il faut également établir la communication dans un secteur qui a accumulé des décennies de retard face aux nouvelles technologies (Tic), négligeant notamment leurs pouvoirs de partage des connaissances, de diffusion de l'information, de prise de parole, de mise en débat, d'échange de bonnes pratiques, de formation continue, etc. Le secteur de la santé jusque-là très fermé doit s'ouvrir aux contributions de tiers acteurs, qui lui proposeront des solutions adaptées et lui permettront de retrouver une porosité aux innovations sociétales. Les partenariats existent et ont, pour certains, montré d'excellents résultats. C'est en fait une *culture* qu'il faut changer, pour permettre à la santé de bénéficier des avancées d'acteurs privés et des bienfaits de la concurrence, de sortir d'un entre-soi pour gagner en agilité, en curiosité et en excellence. Enfin, parmi les métamorphoses du monde du travail, celle du management est cruciale, dont, là encore, les soignants sont exclus. Or pour attirer les professionnels d'aujourd'hui et à plus forte raison ceux de demain, il faut impérativement réformer les visions et pratiques managériales, selon trois axes principaux : l'intégration des soignants dans la gouvernance, la refonte de l'autorité et l'ouverture des formations. Ces transformations sont vitales, le management étant la pierre angulaire de tout système, générateur de motivation, de sens et d'attractivité. Si les innovations managériales se font dans les start-up, c'est l'hôpital qui a besoin des meilleurs managers.

Pour venir en aide à nos soignants et remettre au cœur du projet de l'hôpital l'accès à la santé et la qualité des soins pour tous, je suis intimement convaincu qu'il faut transformer les établissements de santé en des *lieux de travail épanouissants*. Cette vaste transformation passera par trois chantiers qui doivent être menés en parallèle. **Moderniser son organisation**, en intégrant des solutions digitales pour faciliter la communication, la gestion du personnel, les plannings, l'administratif. En soulageant les professionnels de toute tâche qui peut l'être, on facilite le quotidien des soignants pour qu'ils puissent se concentrer pleinement sur leur mission de soin, et ainsi lui redonner du sens – c'est la première urgence. **Moderniser les méthodes managériales**, pour être plus à l'écoute des besoins des soignants, les intégrer autant que possible dans les grandes orientations des établissements et les aider à retrouver du sens dans leur métier. S'investir individuellement dans la mission collective est l'une des plus fortes attentes des nouvelles générations au travail. Enfin, **créer des ponts entre le soin et les autres secteurs socio-économiques**, ouvrir des voies d'inspiration, de fertilisation pour échanger de part et d'autre des visions, des pratiques, permettraient de rompre les incompréhensions, de recréer du lien entre citoyens.

Dirigeants de la santé, managers, soignants, politiques, administratifs, entrepreneurs, innovateurs, salariés cotisants, l'hôpital est un bien commun et sa sauvegarde notre mission à tous. Il n'est pas trop tard.

CHAPITRE 1 :
Le grand épuisement, état des lieux

En novembre 2019, personne n'imagine que la France, comme le reste du monde, est au seuil d'une crise sanitaire inédite. Quatre mois avant le premier confinement pour faire face à la première vague de Covid-19, le secteur hospitalier attend les annonces du Premier ministre Édouard Philippe et de la ministre de la Santé Agnès Buzyn. Un « plan d'urgence pour l'hôpital » doit apaiser les tensions qui montent de façon exponentielle depuis plusieurs années.

L'hôpital public : un quotidien en mode dégradé

En mars 2019, suite à une série d'agressions, le personnel des urgences de l'hôpital Saint-Antoine à Paris se met en grève. Ils sont rejoints par les infirmiers et aides-soignants de quatre autres services d'urgences de la capitale avec qui ils fondent le collectif Inter Urgences. La mobilisation s'étend rapidement à toute la France et à l'ensemble de l'hôpital. Ce mouvement aboutira au lancement par le gouvernement d'un plan d'urgence en novembre de la même année.

Ce n'est pas le premier, mais ce mouvement est notable car il concerne principalement le personnel paramédical qui en est à l'origine, et ses revendications sont le reflet immédiat de leurs conditions de travail, le retour du terrain. Ils demandent des améliorations sur deux sujets : celui des conditions de travail des soignants, dont la sécurité qui a mis le feu aux poudres, et celui de la qualité de l'accueil et des soins pour les patients, les deux étant intrinsèquement liés.

En novembre 2019, à l'approche de l'hiver, les épidémies saisonnières habituelles s'annoncent – grippes, bronchiolites... *A priori*, rien d'extraordinaire, c'est la routine annuelle de l'hôpital. Sauf qu'en 2019, les effectifs sont lacunaires, les lits manquent, et les services de réanimation pédiatriques sont déjà saturés *avant* l'épidémie. À l'hôpital de Longjumeau par exemple, les urgences pédiatriques comptent 14 médecins seniors au lieu de 21[6]. Par conséquent, faute d'encadrement suffisant, ce service déjà fortement sous-staffé n'a pas pu proposer de places de stages d'internat, qui soutiennent énormément (dépassant souvent largement leurs fonctions, leurs compétences et leurs amplitudes horaires) les équipes dans les périodes d'épidémie. Cet hiver-là, 2019-2020, l'hôpital public francilien n'a pas pu faire face à une *épidémie saisonnière attendue* de bronchiolites : de nombreux bébés ont dû être transférés dans des hôpitaux de province, parfois à 200 kilomètres de leur domicile. Quant aux grands enfants, pour ne pas les transférer,

[6] www.allodocteurs.fr/grossesse-enfant-enfant-la-penurie-dinternes-en-ile-de-france-pese-sur-les-services-de-pediatrie-28196.html

ils ont été installés dans des services de réanimation pour adultes qui n'ont pas l'habitude de certaines pathologies chroniques spécifiques à l'enfant[7]. Le personnel parle alors de « bricolage », de « plans B », s'indigne, s'inquiète. « Les enfants sont mis en danger par l'insuffisance des moyens », alertent 2 000 soignants en pédiatrie dans *Le Parisien*[8].

Face à cette situation dramatique, le gouvernement fait un geste. Le 20 novembre 2019, Édouard Philippe annonce la reprise par l'État du tiers de la dette des hôpitaux, la revalorisation de 0,15 point de l'objectif national de dépenses d'assurance maladie (Ondam) ainsi porté à 2,45 %, et s'engage à augmenter les tarifs hospitaliers d'au moins 0,2 % jusqu'en 2022, afin de préserver le budget des hôpitaux.

J'en conviens, c'est un pas dans la bonne direction, mais c'est loin d'être assez pour rétablir les déséquilibres et rendre sa viabilité à l'hôpital. En décembre, les médecins appuient le mouvement, jusqu'aux chefs de service qui menacent de démissionner. Pendant ce temps, l'épidémie de bronchiolites continue de surcharger les hôpitaux franciliens. À Necker et Robert-Debré, on refuse de prendre en charge des enfants qui exigent une greffe, faute de lits en réanimation[9].

Nous sommes en novembre 2019.

L'année qui suit restera tristement célèbre pour le déferlement de la première vague de Covid-19 sur la France, et,

---

[7] www.europe1.fr/sante/a-lhopital-la-prise-en-charge-des-enfants-atteints-de-bronchiolite-est-defaillante-3935693

[8] www.leparisien.fr/societe/sante/crise-a-l-hopital-les-enfants-sont-en-premiere-ligne-la-tribune-choc-des-pediatres-13-11-2019-8192493.php

[9] www.liberation.fr/france/2019/12/15/les-chefs-de-service-hospitaliers-en-appellent-a-la-demission-collective_1769154/

dans le contexte que l'on a décrit, une montée en charge extrêmement rapide, violente, et exigeante en termes de précautions et de vigilance. Au pic de la crise, en avril 2020, 31 779 patients sont pris en charge et 7 148 en soins intensifs, débordant rapidement les 5 000 lits de réanimation disponibles sur le territoire[10]. Les soignants, déjà épuisés, sont appelés à se mobiliser, à venir sur leurs jours de congé et de repos. Le rythme est haletant, effréné, l'atmosphère inquiétante. À l'époque, on ne sait ni quand ni comment tout cela se terminera. La Covid-19 est « une crise qui s'ajoute à la crise. L'une sanitaire, l'autre structurelle[11] ».

Les soignants : des professionnels en souffrance[12]

Un an plus tard, en octobre 2020, au seuil de la deuxième vague de Covid-19, l'Ordre national des infirmiers publie un communiqué sur l'état de la profession après sept mois de pandémie[13]. Issu d'une consultation à laquelle près de 60 000 infirmiers ont répondu, le document recense que si 33 % des infirmiers « étaient en situation d'épuisement professionnel avant la crise », ils sont alors 57 % à déclarer « être en situation d'épuisement professionnel depuis le début de la crise », avec « un fort risque d'impact sur la qualité des soins pour près de la moitié d'entre eux » (48 %). Alors que 34 000 postes d'infirmiers sont vacants en

[10] www.lesechos.fr/politique-societe/societe/coronavirus-comment-la-france-a-franchi-la-premiere-vague-de-lepidemie-en-12-graphiques-1218926

[11] https://books.openedition.org/ugaeditions/18562?lang=fr

[12] www.lequotidiendumedecin.fr/internes/la-sante-des-etudiants/victime-dun-systeme-qui-ma-broyee-une-interne-appelle-liberer-la-parole-lhopital

[13] www.ordre-infirmiers.fr/actualites-presse/articles/covid19-alerte-situation-infirmiere.html

cette rentrée 2020, et sachant que ce chiffre est insuffisant pour répondre aux besoins du terrain, 37 % des infirmiers estiment que la crise leur a donné l'envie de changer de métier et 43 % ne savent pas s'ils seront toujours infirmiers cinq ans plus tard. Les effectifs sont déjà en tension et un tiers des infirmiers exerçant en établissement considèrent « être moins nombreux que d'habitude ». Avec pour conséquence des établissements médicaux en risque de rupture, puisque 57 % des infirmiers exerçant en établissement indiquent « ne pas disposer du temps nécessaire pour prendre en charge les patients ». À la même époque, Olivier Véran, alors ministre de la Santé, déplore la démission de 1 300 étudiants infirmiers entre 2018 et 2021[14]. Au centre hospitalier universitaire (CHU) de Toulouse, on parle « en 2020, [d']une augmentation de 60 % du nombre de démissions du personnel soignant, après une hausse de 40 % l'année précédente[15] ». Étudiants, professionnels, jeunes ou plus âgés, infirmiers, aides-soignants, même médecins, les démissions et les reconversions se multiplient, aggravant encore la situation de ceux qui tentent de tenir la barre.

Les raisons collectives et individuelles de ce profond mal-être sont relatées dans de nombreux témoignages – et ce sont toujours les mêmes : subir son quotidien, friser la maltraitance, être pressé par le temps, avoir des horaires décalés, changeants, imprévus, être frustré, avoir

[14] www.leparisien.fr/societe/sante/demission-de-1300-infirmiers-nous-essayons-de-comprendre-affirme-olivier-veran-28-10-2021-BXSD4JXVVVE6DLGT57Y7UZHYJQ.php

[15] www.francetvinfo.fr/sante/hopital/temoignages-l-hopital-public-en-crise-surmenage-perte-de-sens-mise-en-danger-des-patients-ils-racontent-pourquoi-ils-ont-rendu-leur-blouse_4849467.html

le sentiment de mal faire son travail, d'y laisser sa propre santé sans en tirer aucune satisfaction, aucune reconnaissance... « Lors de la formation, on vous rabâche qu'il faut prendre le temps avec votre patient [...]. Mais une fois dans la vie réelle, vous n'avez que 20 minutes par patient pour la toilette, lui faire faire ses besoins, l'habiller, le faire manger et lui donner les médicaments[16]. » Une infirmière raconte qu'entre 2010 et 2019, les effectifs sont passés de 2 infirmiers pour 20 lits à 1 pour 30 lits, avec en parallèle une augmentation substantielle des tâches administratives devenues presque prioritaires : « Il fallait qu'on rentre de plus en plus de procédures dans les ordinateurs, décrit-elle. On nous disait : "Tout ce qui n'est pas noté, c'est comme si ce n'était pas fait." Il valait mieux enregistrer une tâche qui n'avait pas été faite que l'inverse[17]. »

Les origines de ces souffrances sont donc aussi profondes que multiples, et elles sont directement liées à la nature de ces métiers.

Une clé pour comprendre : la spécificité des métiers du soin

« La médecine est une maladie qui frappe tous les médecins, de manière inégale. Certains en tirent des bénéfices durables. D'autres décident un jour de rendre leur blouse, parce que c'est la seule possibilité de guérir – au prix de quelques cicatrices. Qu'on le veuille ou non, on est toujours

---

[16] www.francetvinfo.fr/sante/hopital/temoignages-l-hopital-public-en-crise-surmenage-perte-de-sens-mise-en-danger-des-patients-ils-racontent-pourquoi-ils-ont-rendu-leur-blouse_4849467.html

[17] *Ibid.*

médecin. Mais on n'est pas tenu de le faire payer aux autres, et on n'est pas, non plus, obligé d'en crever[18]. »

Cet extrait de Martin Winckler, s'il parle des médecins, peut s'appliquer plus généralement aux métiers de soignants – infirmiers, aides-soignants, sages-femmes... –, pour qui l'on parle également de vocation, de dévouement. Ceux qui choisissent des carrières dans le soin mettent au cœur de leur travail, de leurs tâches quotidiennes et de leurs préoccupations professionnelles la relation à l'autre, l'écoute, l'empathie, avec l'objectif de soulager l'autre. Ce sont des professions chargées d'affect, d'émotionnel, avec des enjeux forts et des conséquences graves.

Comme dit cet infirmier reconverti en libraire : « J'ai gagné en sommeil, en tranquillité. Le soir, quand je rentre de la librairie, je suis serein. [...] Ici, si quelque chose n'a pas pu être fait, on peut le reporter au lendemain et il n'y a de conséquence sur la vie de personne. » De même que cette infirmière, passée en libérale : « J'avais toujours peur de faire une connerie, raconte-t-elle. Je subissais toujours davantage de pression et, un jour, je me suis dit que je n'avais pas envie de tuer quelqu'un à cause de ça[19]. »

Face au corps soignant, les attentes des patients sont grandes et légitimes, et dans les hôpitaux, ces « hauts lieux de technicité, d'espoirs, de guérisons », elles sont immenses et « conduisent à fragiliser les soignants en cas d'échec, à les renvoyer à leur impuissance, à la réalité, car “la mort propre s'oppose de manière radicale à nos vœux de

[18] Winckler M., *La Maladie de Sachs*, POL, 1998.

[19] www.francetvinfo.fr/sante/hopital/temoignages-l-hopital-public-en-crise-surmenage-perte-de-sens-mise-en-danger-des-patients-ils-racontent-pourquoi-ils-ont-rendu-leur-blouse_4849467.html

toute-puissance" (S. Behaghel)». Soigner des humains est déjà chargé en soi – d'attentes, d'implications, d'impacts –, mais soigner dans des conditions qui desservent cet objectif mène irrémédiablement à la frustration. Le métier de soignant a une profondeur existentielle que n'ont pas beaucoup de professions dans nos sociétés, et leur vulnérabilité est propre à la nature de leur quotidien. Le soignant «vit comme un élément d'impuissance, ce qui n'est en fait qu'une impossibilité[20]».

C'est ainsi que si le burn-out, ou syndrome d'épuisement professionnel, est une pathologie devenue tristement courante dans nos sociétés modernes, celui touchant les soignants a été spécifiquement théorisé[21] comme «une maladie caractéristique de la relation d'aide qui englobe et dépasse le stress, dans laquelle la perte du sens du travail trouve une place majeure». Il se manifeste principalement par trois symptômes: «épuisement émotionnel, déshumanisation de la relation à l'autre, sentiment d'échec professionnel[22]», trois symptômes qui touchent au cœur même du métier (empathie, relation humaine) et à des enjeux directs et traumatisants (l'échec étant la non-guérison, voire la mort, la douleur pour le patient, la souffrance pour les proches).

Les facteurs responsables du burn-out spécifique du soignant sont l'impact et la répétition des traumatismes rencontrés (les forts et nombreux besoins et demandes des patients, le contact avec la souffrance, la maladie, la mort...),

[20] Lebrun J.-P., *De la maladie médicale*, Bruxelles, De Boeck, 1993, cité par www.cairn.info/revue-imaginaire-et-inconscient-2010-1-page-157.htm#no77

[21] https://theconversation.com/burn-out-des-pistes-pour-aider-les-soignants-et-les-autres-162868

[22] www.cairn.info/revue-imaginaire-et-inconscient-2010-1-page-157.htm

la spécificité du métier de soignant, c'est-à-dire l'implication, voire la projection, dans son propre vécu d'être humain, l'isolement physique et psychoaffectif du soignant lié au secret médical mais aussi au manque d'échanges autour de la gestion des patients. Enfin, la question du choix de la profession de soignant entre aussi en ligne de compte, c'est-à-dire le type de profils qui exercent ces métiers : « La plupart des soignants présentent une personnalité riche et généreuse, se dévouant corps et âme à la survie de leurs patients. Ils pèchent la majorité du temps par excès, sont de mauvais gestionnaires du temps et de l'argent. Ils s'oublient au profit de leur patient et souvent à leur propre détriment et à ceux de leur famille et amis[23]. »

Mus par un engagement profond pour leur cause, la santé des patients, les soignants ont besoin d'évoluer dans un cadre qui les protège, qui prend soin d'eux comme ils le font d'autrui. C'est le rôle du système. Or ce n'est plus le cas aujourd'hui. La machine pensée pour être protectrice et encadrante s'est enrayée. Comment ? Pourquoi ? Revenons ici sur les origines de la dégradation d'un système qui reste parmi les meilleurs du monde.

Les origines de la dégradation du système

Un système de santé, c'est « l'ensemble des organisations, des institutions, des ressources et des personnes dont l'objectif principal est d'améliorer la santé », selon la définition de l'Organisation mondiale de la santé (OMS). Il comporte cinq catégories d'acteurs : des offreurs de soins (personnels soignants, établissements de santé…), des producteurs de

[23] *Ibid.*

biens et services en santé, comme l'industrie pharmaceutique, des institutions publiques (ministères, agences régionales de santé [ARS]...) responsables de l'organisation du système, des financeurs (assurances maladie obligatoires et complémentaires, ménages) et des bénéficiaires (usagers, bénévoles, associations...). On parle en France de « démocratie sanitaire », qui « vise à associer l'ensemble des acteurs de santé pour élaborer et mettre en œuvre la politique de santé, dans un esprit de dialogue et de concertation »[24].

Je suis convaincu que le principe du système reste le bon, et de nombreux pays nous l'envient. Mais il coûte cher. C'est pourquoi depuis une vingtaine d'années, les réformes se sont multipliées pour rendre l'hôpital économiquement viable. Jusqu'en 2004, les hôpitaux étaient financés par un budget global reconduit chaque année, qui s'adaptait peu aux variations de leur activité. En plus du fait d'être en décalage avec la réalité, ce fonctionnement créait des disparités entre les établissements, pénalisant ceux qui connaissaient des montées en charge, et créant des situations de rente pour ceux dont l'activité baissait d'une année sur l'autre. C'est pourquoi en 2004 est mise en place la tarification à l'activité (T2A[25]), avec pour objectif de rationaliser les dépenses, au moyen d'un budget adapté à l'activité réelle des établissements. Ce changement paraît logique, pragmatique, mais dans les faits, il apporte un biais de nature :

[24] www.vie-publique.fr/fiches/37853-definition-et-acteurs-du-systeme-de-sante-francais

[25] https://solidarites-sante.gouv.fr/professionnels/gerer-un-etablissement-de-sante-medico-social/financement/financement-des-etablissements-de-sante-10795/article/financement-des-etablissements-de-sante#:~:text=La%20tarification%20%C3%A0%20l'activit%C3%A9,sur%20une%20autorisation%20de%20d%C3%A9penses

l'efficience économique et la maîtrise des coûts sont dès lors l'unique prisme de gestion, ce qui pose un problème évident dans le cadre d'une activité dédiée au soin.

La vie de l'hôpital est depuis régie par des enjeux budgétaires verticaux qui ne prennent pas en compte la complexité de l'écosystème hospitalier et du soin en général. Elle avait des visées de rationalisation, elle s'est révélée inflationniste, avec une augmentation des activités mieux rémunérées, des actes techniques comme la chirurgie, au détriment de la prévention ou de prises en charge longues, comme la psychiatrie, le suivi des maladies chroniques ou des personnes âgées souvent polypathologiques, qui sont aussi le cœur de sa mission, et qui sont de fait beaucoup moins « rentables », et pourtant de plus en plus fréquentes, en raison du vieillissement de la population et de l'accroissement de l'espérance de vie.

La mise en place de cette réforme a entraîné des mutations profondes du système hospitalier, fragilisant la mission même de l'hôpital public en même temps que ceux qui y travaillent, et aboutissant à la situation critique que l'on connaît aujourd'hui. On déplore aujourd'hui une gestion comptable en opposition avec l'esprit du soin, une hypertrophie administrative, une vision à court terme et un manque d'anticipation qui accentue le stress et les pénuries. Les conséquences apparaissent en cascade, le stress engendrant un absentéisme croissant, la fermeture de lits pour cause d'effectifs insuffisants, une pression en augmentation constante sur le personnel restant, avec une dégradation de la qualité des soins, etc. Le cercle vicieux s'installe dans une spirale néfaste pour tous – soignants, soignés, citoyens, système, budgets.

La crise économique et financière de 2008 puis la crise de la dette souveraine en 2010 ont encore accentué les pressions pour réduire les dépenses publiques, avec un impact direct sur les budgets dédiés à la protection sociale. Les pouvoirs publics ont décidé de réduire le taux de progression annuelle de l'Ondam de 2,8 à 2,5 %, alors que son taux de progression spontanée est estimé autour de 4 %. Dans ces conditions, seule une réduction conséquente des ressources affectées aux différents offreurs de soins, et en particulier à l'hôpital, peut permettre de respecter l'Ondam voté par les parlementaires[26].

Pour résumer, on demande à l'hôpital de réduire ses dépenses, donc ses investissements et son personnel, tout en remplissant sa mission de service public et en augmentant son activité pour pouvoir renouveler ses budgets. Sans remettre en cause la situation de crise que nous vivons et qui est un fait, on ne peut que constater que les attentes de l'hôpital public sont inconciliables entre elles, et encore plus avec sa vocation de soigner. Face à cette aporie, le personnel fuit, des services, voire des hôpitaux, entiers sont au bord de la fermeture, aggravant encore la situation[27].

C'est dans ce contexte plus qu'alarmant qu'est survenue la pandémie de Covid-19.

Le paradoxe de la pandémie de 2020

Chaque pays a vécu ce raz-de-marée sanitaire selon ses caractéristiques propres – sa vision, son système, ses

[26] www.cairn.info/revue-les-tribunes-de-la-sante1-2012-3-page-47.htm

[27] www.rfi.fr/fr/podcasts/priorit%C3%A9-sant%C3%A9/20211206-soignants-%C3%A9puis%C3%A9s-et-toujours-plus-sollicit%C3%A9s

priorités. En France, avec le recul, notamment sur cette première vague, je me risque à tirer plusieurs conclusions, dont certaines sont assez inattendues.

La principale est bien sûr que le personnel médical, soignant et paramédical, faisant déjà face à une pression énorme, a dû absorber un stress et des exigences incomparables, incommensurables. La montée en charge du travail dans des conditions d'angoisse inédites a mené pour une grande majorité à un épuisement physique et mental dont certains ne se sont pas remis. Beaucoup ont quitté le métier au cours de ces deux ans. Depuis le début de la pandémie de Covid-19, le nombre de postes d'infirmiers vacants est passé de 10 000 à plus de 60 000[28]. L'association Soins aux professionnels de la santé (SPS) qui propose un accompagnement psychologique par téléphone recevait 3 appels par jour avant la crise, 20 en avril 2022, avec des pics jusqu'à 150 appels par jour pendant le premier confinement (du 17 mars au 11 mai 2020[29]).

Christophe Prudhomme, médecin urgentiste en Seine-Saint-Denis et porte-parole de l'Association des médecins urgentistes de France (Amuf), déclarait le 25 mai 2020 sur un plateau de TV5MONDE en parlant de la première vague : « cela s'est mal passé. Si nous avions eu suffisamment de lits de réanimation [...] je pense que nous aurions eu une mortalité bien moindre [...]. Nous avons fait le maximum mais ça ne s'est pas bien passé[30] ». Le personnel des services

[28] https://reporterre.net/Broyees-par-l-hopital-les-infirmieres-demissionnent-en-masse

[29] www.infirmiers.com/actualites/actualites/sps-le-numero-d-aide-aux-soignants-a-recu-pres-de-5700-appels-en-un-an.html

[30] https://information.tv5monde.com/info/en-france-un-segur-de-la-sante-pour-remettre-l-hopital-sur-pied-360547

d'urgences et de soins intensifs est particulièrement touché, mais l'ensemble du secteur du soin, mobilisé pendant ces années, a souffert. La crise sanitaire a encore aggravé les pénuries de personnel et le manque d'attractivité de l'hôpital public.

Par ailleurs, en marge de ces phénomènes majoritaires, on a entendu des témoignages d'un autre type, vu saillir des traits d'une autre nature. On a pu constater tout d'abord la qualité des soins et la mobilisation des soignants face à la crise. Beaucoup ont raconté la solidarité sans faille des équipes, complètement dévouées au service du patient. Ce qui nous a sauvés dans cette crise, même si c'est inchiffrable, c'est le facteur humain : le courage, la mobilisation, l'engagement, un exploit dans le contexte que l'on sait. Peut-être même que l'urgence de la situation a quelque part redonné leur sens à ces métiers, leur valeur intrinsèque. D'abord, il y a eu les applaudissements des citoyens, tous les soirs à 20 heures pendant des semaines, dont de nombreux soignants ont été émus, soutenus, encouragés[31]. Et puis, certains ont raconté que, pendant la crise, la gestion était soudainement au service du soin et non de la rentabilité, le « quoi qu'il en coûte » aurait remis le soin au cœur de la machine. On a aussi entendu que le millefeuille administratif avait temporairement éclaté, que face à l'urgence, « les contingences administratives et politiques n'avaient plus cours[32] ». Pendant la première vague, alors que l'on

[31] www.huffingtonpost.fr/entry/confinement-applaudissements-soignants_fr_5e71e7c1c5b63c3b6487500a

[32] www.francetvinfo.fr/sante/hopital/temoignages-l-hopital-public-en-crise-surmenage-perte-de-sens-mise-en-danger-des-patients-ils-racontent-pourquoi-ils-ont-rendu-leur-blouse_4849467.html

imaginait que la crise allait durer quelques semaines, quelque chose aurait refleuri, un retour aux sources du métier, à la vocation, un élan qui aurait peut-être dû être plus soutenu au sortir de la première vague.

La pandémie aura finalement été un révélateur des forces et faiblesses de notre système. Les faiblesses étaient déjà largement connues, les forces étant les qualités humaines mobilisables, donc toujours présentes malgré tout – les compétences, l'engagement, le dévouement, la solidarité dans les équipes.

Ces équipes, qui avaient tant donné, et retrouvé un peu de sens et de visibilité au cœur du cyclone, en sortaient épuisées mais avec l'espoir d'une reconnaissance, et qu'enfin on trouverait des solutions de fond à leur malaise. Les soignants et tous les paramédicaux, officiellement reconnus comme « essentiels », attendaient une reconnaissance pérenne, tangible et chiffrable de leur utilité publique, à travers une transformation profonde de leur cadre de travail.

Mais cet espoir a été déçu.

Le Ségur de la santé : une tentative de réparation inefficace

Au sortir de la première vague de Covid-19, au printemps 2020, le gouvernement, conscient d'une refonte nécessaire, ouvre un vaste chantier sur le secteur du soin. Il organise des concertations pendant plusieurs semaines avec les organisations syndicales des professions médicales et non médicales. Il en ressort notamment une enveloppe de 8,2 milliards d'euros pour augmenter les salaires en plusieurs étapes, une revalorisation des carrières paramédicales en fonction de l'ancienneté. C'est un pas, mais c'est loin d'être suffisant. Un an et quatre vagues de Covid-19 plus tard, l'hémorragie continue dans les hôpitaux, le nombre de postes vacants a un peu diminué, mais de nombreux lits n'ont pas rouvert, toujours à cause de manque de personnel. « Avant le Ségur, nous étions à –20 % du salaire moyen européen, aujourd'hui nous sommes à –10 % », constate Thierry Amouroux, porte-parole du Syndicat national des professionnels infirmiers[33]. Dans le classement des pays de l'Organisation de coopération et de développement économiques (OCDE) pour la rémunération des infirmiers, la France était 28e sur 32, elle est 16e aujourd'hui[34]. C'est mieux, mais ce n'est pas assez pour inverser la tendance et relancer l'attractivité de l'hôpital public.

Finalement, les soignants ont le sentiment de ne pas avoir été entendus. Ils ont obtenu quelques améliorations, mais le fond n'a pas changé. La vision n'a pas été repensée. Et les budgets alloués, même conséquents, sont trop faibles par rapport aux déficits.

Des projections alarmantes

Avant la pandémie de Covid-19, de nombreux pays étaient confrontés à des problèmes globaux relatifs au personnel de santé, dont un manque d'effectifs estimé à 18 millions dans le monde[35].

[33] www.20minutes.fr/sante/3084459-20210716-segur-sante-an-apres-augmentations-salaire-calme-colere

[34] www.rfi.fr/fr/podcasts/priorit%C3%A9-sant%C3%A9/20211206-soignants-%C3%A9puis%C3%A9s-et-toujours-plus-sollicit%C3%A9s

[35] www.who.int/fr/campaigns/annual-theme/year-of-health-and-care-workers-2021/facts

Le 7 avril 2020, l'OMS publie un communiqué appelant « à investir de toute urgence dans le personnel infirmier ». Issu d'un rapport paru sur la situation du personnel infirmier dans le monde, il met en valeur son importance vitale, notamment dans les contextes de pandémie comme celui contemporain de ce rapport, son manque numéraire à l'échelle mondiale estimé à 5,9 millions de professionnels et, en vue de prévenir une pénurie planétaire, appelle à augmenter le nombre de diplômés de 8 % par an en moyenne, « mais également les rendre plus à même de trouver un emploi et de le conserver au sein du système de santé[36] ».

Le 5 mai 2020, nouveau communiqué : « Il manque actuellement 900 000 sages-femmes dans le monde, soit un tiers des effectifs nécessaires au niveau mondial. La crise de la COVID-19 a encore aggravé le problème, car les besoins des femmes et des nouveau-nés ont été relégués au second plan, les services obstétricaux ont été perturbés et les sages-femmes ont été affectées dans d'autres services de santé[37]. »

Au sujet des personnels de santé et d'aide à la personne, l'OMS établit en 2021 que 23 % d'entre eux éprouvent de la dépression et de l'anxiété, et 39 % de l'insomnie pendant la pandémie de Covid-19. Une analyse indépendante a mis en lumière des conflits sociaux et des grèves dans 84 États membres depuis février 2020. 38 % de ces revendications ont pour motif des conditions de travail non décentes, et 29 % le manque d'équipement de protection individuelle (EPI).

---

[36] www.who.int/fr/news/item/07-04-2020-who-and-partners-call-for-urgent-investment-in-nurses

[37] www.who.int/fr/news/item/05-05-2021-new-report-sounds-the-alarm-on-global-shortage-of-900-000-midwives

L'OMS conclut : « La santé pour tous ne sera possible que s'il y a un nombre suffisant d'agents de santé bien formés, protégés par une réglementation et bien soutenus, dont le travail est rémunéré et le mérite reconnu proportionnellement aux services et à la qualité des soins qu'ils assurent[38]. »

Elle ajoute qu'« investir en faveur des agents de santé, c'est faire un bon placement ». Et de citer la Commission de haut niveau sur l'emploi dans le secteur de la santé et la croissance économique : « les investissements consacrés à l'éducation et à la création d'emplois dans le secteur de la santé et le secteur social [ont] un rendement triple : une amélioration des résultats sanitaires, une plus grande sécurité sanitaire mondiale et une croissance économique inclusive[39] ».

L'augmentation de la rémunération des soignants, et notamment des infirmiers, est un prérequis. Les efforts réalisés sont largement insuffisants et ne permettront pas de rééquilibrer l'offre et la demande en soins. Et au-delà du sujet de la rémunération, la crise de la Covid-19 a montré, si besoin était, combien il est important que les soignants travaillent dans les meilleures conditions possibles, car, en temps de pandémie comme ailleurs, ces conditions de travail se chiffrent en nombre de morts.

---

[38] www.who.int/fr/campaigns/annual-theme/year-of-health-and-care-workers-2021/facts

[39] *Ibid.*

CHAPITRE 2 : Les grands enjeux

Le 14 avril 2022, *La Croix* publie un «énième appel au secours de soignants[40] ». En l'espace de quinze jours, deux patients sont morts à l'hôpital dans les mêmes circonstances : sur un brancard aux urgences, au bout d'une dizaine d'heures d'attente sans prise en charge, parce que 90 % du personnel est en arrêt maladie, à bout de forces. Une dame âgée à Orléans et un jeune homme à Strasbourg. « Partout, en France, il y a des gens qui font des arrêts cardiaques dans les couloirs », selon le Dr Sébastien Harscoat, médecin aux urgences des hôpitaux universitaires de Strasbourg[41].

Alors que je travaille depuis plusieurs années sur le sujet de la gestion des ressources humaines dans le secteur hospitalier, et que je côtoie chaque jour la pénurie de soignants, j'ai été particulièrement affecté par la lecture de cet article.

[40] www.la-croix.com/Sciences-et-ethique/urgences-lenieme-appel-secours-soignants-bout-2022-04-13-1201210236

[41] *Ibid.*

Je crois que l'on s'approche dangereusement du point de rupture, et il a des enjeux multiples et profonds.

Enjeu sanitaire

L'enjeu est d'abord bien sûr sanitaire, et il est pour ainsi dire déjà ici et maintenant. Si la crise de la Covid-19 en 2020 l'a mis sous les feux des projecteurs, il était déjà à l'œuvre des mois, voire des années, avant la pandémie. L'équation est terriblement simple : le personnel soignant n'est pas assez nombreux pour prendre en charge quantitativement et qualitativement le flux de patients. La conséquence est immédiate et d'une logique implacable : les gens meurent. La pandémie a fait plus de morts en France qu'elle n'aurait dû[42], et après la pandémie, les patients continuent de mourir alors qu'ils auraient pu être soignés, comme ce jeune homme mort à Strasbourg d'une hémorragie digestive, l'urgence la plus fréquente en hépato-gastroentérologie[43].

L'hôpital n'est plus en mesure de remplir la plus basique de ses missions : soigner les patients, empêcher qu'ils meurent de problèmes que l'on *sait* résoudre, de maladies que l'on sait *guérir*. Nos professionnels ont les compétences, nos hôpitaux ont le matériel, mais l'inadéquation des besoins et des moyens humains nous conduit à régresser sur le plan sanitaire. Le hiatus est devenu structurel, et tout le potentiel de soins est par conséquent menacé.

Nous sommes donc arrivés au point où nous sommes moins bien soignés que nous pourrions, que nous *devrions* l'être. Et si les actes basiques se mettent à nous échapper,

[42] Voir chapitre 1.

[43] www.snfge.org/content/hemorragie-digestive

que dire des procédures plus complexes, des maladies rares, des actes plus délicats, où les chances sont moindres ? Les progrès de la médecine, de la recherche et de la technologie sont inutiles dans ces conditions, s'il manque les mains et les cerveaux pour les mettre en œuvre.

En plus de ces conséquences immédiates dramatiques, l'hôpital a d'autres missions qui sont mises à mal dans ces conditions, et qui sont tout aussi graves sur les moyen et long termes. Voici pour rappel les missions de l'hôpital public[44] :

« **La prévention** : l'hôpital est le lieu essentiel de détection des problèmes de santé, en particulier par le biais des urgences. [...]

L'enseignement universitaire et post-universitaire : la formation continue des praticiens hospitaliers et non hospitaliers, la formation initiale et continue des sages-femmes et du personnel paramédical.

La recherche : l'hôpital est un lieu de recherche clinique et une importante source d'innovations médicales et pharmaceutiques.

La qualité des soins : l'hôpital met en place un système permettant d'assurer la qualité des dispositifs médicaux répondant à des conditions définies par voie réglementaire.

La sécurité : l'hôpital participe à la mise en œuvre du dispositif de vigilance destiné à garantir la sécurité sanitaire. »

Si les patients meurent faute de soins suffisants, si le personnel est constamment à bout, si l'hôpital fonctionne perpétuellement dans l'urgence et le court-termisme, on

[44] www.hopital.fr/Nos-Missions/Les-missions-de-l-hopital/Les-missions-de-l-hopital#63643

imagine mal comment ces missions de temps long peuvent être correctement remplies.

Les récits de stagiaires (médecins, infirmiers, aides-soignants, sages-femmes...) sont légion par exemple témoignant, au-delà de la rudesse de l'expérience hospitalière[45], des lacunes au cours de ces périodes de stage: « Quand je demandais ce que je devais faire, on me disait [...] "Je n'ai pas le temps"... Il fallait que je me débrouille. [...] Pierre a ressenti un grand manque de pédagogie de la part des encadrants. "Mon stage s'est plutôt bien déroulé, mais il n'y avait pas assez de personnes pour nous encadrer. En stage, les étudiants n'ont pas forcément de tuteur, alors que c'est obligatoire !" [...] La charge de travail est aussi difficile pour tout le monde. Les nerfs lâchent... Durant mon stage, quelques infirmières pleuraient parce qu'elles n'en pouvaient plus[46]. »

La dégradation de la formation, de la recherche et de la vigilance quant à la sécurité sanitaire aura forcément des conséquences sur notre santé dans les décennies à venir. Et ce d'autant plus que nos besoins vont plutôt croître que diminuer, notamment dû à l'évolution de notre population.

Enjeu démographique

La population française vieillit sensiblement et de façon continue, avec des impacts directs sur notre système

[45] J'exclus ici le sujet des maltraitances des stagiaires, type #BalanceTonStage, qui ne sont pas propres à l'hôpital et qui sont inacceptables toutes situations et tous secteurs confondus. Je parle bien ici de l'impact du manque d'effectifs et de disponibilité du personnel encadrant vis-à-vis de leur devoir de formation auprès des stagiaires médicaux et paramédicaux.

[46] www.letudiant.fr/metiers/avenir-sante/etudiants-infirmiers-sous-pression-a-l-hopital-j-avais-tout-le-temps-la-boule-au-ventre.html

de soins. Au 1er janvier 2020, en France, les plus de 65 ans représentaient 20,5 % de la population contre 20,1 % en 2019 et 19,7 % en 2018 (Institut national de la statistique et des études économiques [Insee][47]). Ils seraient 21 % en 2022 selon les dernières données provisoires[48]. Le vieillissement de la population s'accélère depuis 2011, avec l'arrivée à 65 ans de la génération du baby-boom.

L'augmentation du nombre de personnes âgées implique des besoins de soins directement liés à l'âge – plus de maladies graves, plus de maladies chroniques, des polypathologies, plus de dépendances liées à la vie quotidienne (soins, toilettes, pertes d'autonomie, etc.). Et les types de soins requis sont particulièrement onéreux. En effet, la plupart de ces soins font partie de ce qu'on appelle les « affections de longue durée » (ALD), des maladies « dont la gravité et/ou le caractère chronique nécessite un traitement prolongé et particulièrement coûteux » (accident vasculaire cérébral [AVC], maladie d'Alzheimer, Parkinson, cancers...) et dont les frais, par un dispositif dédié, sont pris en charge au maximum remboursable par la Sécurité sociale[49], pour réduire le reste à charge et permettre à tous les patients de se soigner. Entre 2011 et 2016, les dépenses de santé des personnes ayant une affection de longue durée ont augmenté de 3,8 % en moyenne par an, soit un rythme plus soutenu que l'ensemble des dépenses

[47] www.insee.fr/fr/statistiques/4277619?sommaire=4318291#:~:text=Tableaux %20 et %20graphiques-,Pr%C3 %A9sentation, %2C7 %20%25%20deux %20ans%20 auparavant

[48] www.insee.fr/fr/outil-interactif/5014911/pyramide.htm#!v=2&c=0

[49] www.ameli.fr/assure/droits-demarches/maladie-accident-hospitalisation/affection-longue-duree-ald/affection-longue-duree-maladie-chronique

de soins (2,7 %[50]). Le vieillissement de la population en est en partie responsable.

Cette tendance démographique implique donc une augmentation quantitative et qualitative des soins, et parmi ces soins, cette tranche de la population requiert les plus coûteux et les moins « rentables[51] ». Dans le système tel qu'il fonctionne actuellement, la pénurie actuelle des soignants conjuguée à cette variable démographique nous mènent donc à une situation doublement critique.

Nous ne sommes évidemment pas les seuls dans ce cas. D'autres pays au même profil font face à ce problème. Le Royaume-Uni par exemple éprouve la même pénurie de personnel hospitalier, les mêmes conditions de travail insoutenables, les mêmes vagues de départs, les mêmes craintes vis-à-vis de la prise en charge d'une population vieillissante. Pour y faire face, le National Health Service (NHS) a lancé en 2019 une campagne mondiale pour recruter à l'étranger 5 000 infirmiers par an pendant cinq ans[52]. Si cette solution peut sembler intéressante *a priori*, elle est en réalité bien imparfaite. D'abord, elle est loin d'être suffisante pour combler les 40 000 postes d'infirmiers vacants à l'époque (peut-être encore plus aujourd'hui après la pandémie), ensuite, elle ne règle pas le problème de fond qui est d'attirer et de former les Britanniques à ces métiers pour pérenniser le secteur, et enfin, elle risque de créer une pénurie dans les pays dans lesquels elle recrute (les

[50] https://drees.solidarites-sante.gouv.fr/sites/default/files/er1077.pdf

[51] Voir chapitre 1.

[52] www.courrierinternational.com/article/sante-face-la-penurie-dinfirmiers-le-nhs-recrute-letranger

Philippines, l'Inde, l'Irlande et l'Australie). Il s'agit bien là d'une solution à court terme.

Au Japon, la population est la plus vieille du monde : en 2018, les plus de 65 ans représentaient 28 % de la population, et déjà en 2015, on leur affectait 59,3 % des dépenses nationales de santé. À cause d'un très faible taux de natalité (1,36 enfant par femme en 2019 contre 1,87 en France), les projections démographiques de cette tranche d'âge atteignent 30 % en 2025 et 40 % d'ici 2060. Le cancer est aujourd'hui la première cause de mortalité au Japon, et les projections sanitaires établissent que la démence touchera 25 % des plus de 65 ans en 2025. L'archipel ne faisant pas exception à la tendance mondiale, les soignants manquent face aux besoins croissants. En 2016, il comptait 1,9 million d'aides-soignants. Le ministère de la Santé, du Travail et des Affaires sociales estimait en 2020 qu'au rythme de la croissance du nombre de personnes âgées, il en faudrait environ 550 000 de plus en 2025[53]. Pour pallier cette carence qui menace d'être exponentielle, le Japon a plusieurs stratégies. Il a mis en place, en 2019, 2 nouvelles catégories de visas pour des secteurs professionnels définis dont les soins infirmiers, accompagnés pour ces derniers de tests d'aptitude[54]. En outre, il a fait grand bruit en développant des robots dits « infirmiers », de soins et d'assistance aux personnes âgées, destinés à la fois à aider les patients et à soulager aidants et soignants. Le gouvernement japonais subventionne en effet depuis 2013 le développement

[53] www.nippon.com/fr/in-depth/d00530/

[54] www.expat.com/fr/expat-mag/2430-le-japon-recherche-de-la-main-doeuvre-etrangere-en-soins-infirmiers-restauration-et-construction.html

de ces solutions technologiques, comme celle de Toyota, lancée en 2013, « un robot à bras articulé commandé par tablette tactile et capable d'apporter un objet à un patient alité, d'ouvrir une porte, de tirer des rideaux[55] ». Selon certaines enquêtes, l'idée fait son chemin dans les mentalités notamment « grâce à leur côté déshumanisé, qui est bien pratique pour ne pas avoir à se soucier d'être un fardeau envers les autres personnes[56] ». Ce projet est encore loin d'être généralisé, mais il s'inscrit dans une véritable politique japonaise, qui développe activement un marché de la *health tech*[57] comme une solution à cet enjeu démographique. Le Japon est le deuxième marché mondial pour les dispositifs médicaux (après les États-Unis) et le troisième pour les biotechs (derrière la Chine et les États-Unis). Le gouvernement japonais a également mis en place un plan visant à revoir chaque année le prix des médicaments. En tant que troisième marché mondial pharmaceutique, avec 79 milliards de dollars par an en médicaments prescrits, soit 22 % de son budget santé (contre 15 % en France), il espère ainsi réduire ses dépenses, dont la forte hausse est directement liée à l'âge de sa population[58].

Une solution que plusieurs pays considèrent, dont la France, est celle des soins à domicile. Cette offre se

[55] www.rfi.fr/fr/asie-pacifique/20180207-japon-robots-infirmiers-therapeutiques-sante-troisieme-age

[56] www.nippon.com/fr/japan-data/h00342/

[57] www.tresor.economie.gouv.fr/Articles/2019/07/26/vieillissement-de-la-population-boom-du-marche-des-nouvelles-technologies-de-la-sante-health-techs-au-japon

[58] www.latribune.fr/entreprises-finance/industrie/chimie-pharmacie/le-vieillissement-demographique-pousse-le-japon-a-s-attaquer-aux-prix-des-medicaments-626146.html

développe, notamment par le biais d'organismes privés avec une prise en charge par la Sécurité sociale et les mutuelles[59], mais elle est encore « insuffisante et pas assez structurée » pour véritablement peser dans la balance selon un rapport de la Cour des comptes de janvier 2022[60]. L'objectif est là néanmoins, recommandé par les institutions[61] et inspiré des pays nordiques qui sont les plus avancés en la matière et connaissent déjà une réduction régulière du nombre de places en établissements[62]. Le réseau Buurtzorg[63] notamment, aux Pays-Bas, fait figure d'exemple dans ce domaine. Celui-ci propose des soins infirmiers à domicile avec une approche de proximité (*Buurtzorg* veut dire « soins de quartier »). Le principe est de créer un réseau de quartier, basé sur des liens de communauté géographique, avec une grande responsabilité donnée aux infirmiers sur la gestion de leurs patients et une mise en réseau très fonctionnelle entre professionnels. Cet exemple illustre une volonté d'inventer une nouvelle offre, mieux adaptée, plus efficace et moins coûteuse. Elle ne peut sans doute pas remplacer un système dans sa globalité mais témoigne de la potentialité d'approches complémentaires. J'y reviendrai plus tard dans ce livre[64].

---

[59] www.francetvinfo.fr/sante/maladie/sante-le-developpement-des-soins-a-domicile_3076169.html

[60] www.lemonde.fr/societe/article/2022/01/24/soins-a-domicile-la-france-n-a-pas-encore-pris-le-virage-pour-la-cour-des-comptes_6110714_3224.html

[61] Lire le rapport du Sénat *Services de soins à domicile : une offre à développer, une stratégie à bâtir*, janvier 2022, www.senat.fr/rap/r21-382/r21-382_mono.html

[62] *Ibid.*

[63] www.soignonshumain.com/buurtzorg/

[64] Voir chapitre 9.

Cependant, si le vieillissement est un enjeu majeur pour l'avenir de notre système de soins, il en est malheureusement bien d'autres.

Enjeu de résilience au dérèglement climatique

Nous avons connu en 2020-2021 les turbulences d'une pandémie. Nous ne sommes pas à l'abri d'en vivre d'autres. D'autant que l'émergence de la Covid-19 est, pour de nombreux experts, à rattacher directement au dérèglement climatique. Nous ne serions qu'au début d'une nouvelle ère sanitaire aux proportions planétaires.

En décembre 2020, le *Lancet* publie son Lancet *Countdown on Health and Climate Change*. Le verdict est sans appel : « Aucun pays – qu'il soit riche ou pauvre – n'est à l'abri des effets du changement climatique sur la santé. » La Covid, son million de morts à l'échelle mondiale, nos systèmes de santé à terre ne sont qu'un aperçu des effets du dérèglement à l'œuvre[65].

La fonte du pergélisol, qui s'accélère avec le réchauffement climatique, pourrait ramener à la vie des bactéries et des virus disparus depuis trente mille ans, potentiellement dangereux pour l'homme ou le reste du vivant. En Russie, en 2016, un garçon a succombé à une maladie disparue depuis plus de soixante-dix ans, la cause en serait le dégel d'un cadavre de renne mort d'une bactérie il y a plusieurs dizaines d'années[66].

[65] www.lesechos.fr/industrie-services/energie-environnement/le-covid-avant-gout-des-consequences-du-rechauffement-climatique-sur-la-sante-1270927

[66] www.geo.fr/environnement/permafrost-gaz-methane-rechauffement-climatique-53512

En détruisant les espaces naturels, nous perturbons et faisons tomber les barrières entre les écosystèmes, opérant des contacts rapprochés entre humains et espèces sauvages vecteurs de pathogènes infectieux. Selon les scientifiques, ces destructions constituent une cause déterminante du développement de futures épidémies[67].

Les incendies en Australie en 2019, eux aussi provoqués par le réchauffement climatique, ont répandu des fumées toxiques. On estime que cette pollution atmosphérique aurait tué 417 personnes, et causé l'admission de 1 305 personnes aux urgences pour des crises d'asthme, et 3 151 pour des troubles respiratoires[68]. Ces conséquences sont dramatiques sur le plan humain, et aussi sur le plan financier, déséquilibrant l'ensemble d'un système déjà sur la corde raide : « Nous estimons que les dépenses de santé, liées aux décès prématurés et aux admissions dans les hôpitaux, se sont élevées à 2 milliards de dollars australiens (1,20 milliard d'euros) », soit un budget « près de dix fois plus élevé » que les années précédentes, a déclaré Fay Johnston, professeure associée à l'Institut Menzies pour la recherche médicale de l'université de Tasmanie et spécialiste de la santé environnementale, après avoir modélisé les conséquences des incendies[69].

Le réchauffement lui-même et ses vagues de chaleur, de plus en plus fortes et fréquentes, sont meurtriers. Au cours

---

[67] www.futura-sciences.com/planete/actualites/rechauffement-climatique-fonte-permafrost-menace-relacher-microbes-carbone-83908/

[68] www.lepoint.fr/monde/australie-les-incendies-auraient-coute-la-vie-a-plus-de-400-personnes-25-03-2020-2368830_24.php

[69] www.geo.fr/environnement/australie-la-fumee-des-incendies-a-lorigine-de-centaines-de-deces-200764

des vingt dernières années, la mortalité liée à des épisodes de canicule a augmenté de 54 % chez les plus de 65 ans et 296 000 personnes en sont mortes en 2018, selon le rapport du *Lancet*[70]. À l'heure où j'écris ce livre, une canicule exceptionnelle écrase l'Inde et le Pakistan sous des pics de chaleur à 50 °C, et il fait 39 °C à Paris. Ce phénomène catastrophique pourrait devenir la norme dans ces régions, au risque de les rendre inhabitables. En effet, en plus de la difficulté physiologique à supporter la chaleur, ces températures extrêmes créent des manques d'eau et d'énergie dans ces zones densément peuplées, engendrant des désordres sociaux dans un contexte où chacun lutte pour sa survie[71].

Tous ces phénomènes se produisent en chaîne, au sein de cercles vicieux. Le dérèglement climatique produit des catastrophes – épidémies, canicules, incendies, etc. – qui non seulement mettent à mal nos infrastructures et en péril les populations, mais dont les conséquences elles-mêmes aggravent le dérèglement climatique – la fonte du pergélisol menace de libérer du méthane et du carbone[72], les incendies surchargent l'air de particules nocives, etc.

Face à toutes ces terribles perspectives – qu'il faut, s'il est encore nécessaire de le rappeler, à tout prix minimiser en réduisant drastiquement, maintenant, notre empreinte carbone –, il est urgent de mettre en place un système qui permette de soigner, soulager nos maux futurs, du mieux

[70] www.lesechos.fr/industrie-services/energie-environnement/le-covid-avant-gout-des-consequences-du-rechauffement-climatique-sur-la-sante-1270927

[71] www.liberation.fr/environnement/climat/canicule-en-inde-et-au-pakistan-des-regions-pourraient-devenir-completement-inhabitables-20220428_T4AGFF47YBBNTNUAM4VRJUCEVU/

[72] www.futura-sciences.com/planete/actualites/rechauffement-climatique-fonte-permafrost-menace-relacher-microbes-carbone-83908/

possible, de façon la plus viable possible. L'enjeu est national, continental, et mondial.

Enjeu géopolitique

52,9 millions. C'est le nombre de migrants et de réfugiés actuellement dans le monde. Selon le Haut-Commissariat aux réfugiés (HCR), ce flux est le plus important depuis la Seconde Guerre mondiale[73]. Il a littéralement explosé au XXIe siècle, avec une accélération fulgurante depuis 2005, qui comptait 19,4 millions de réfugiés dans le monde, jusqu'à plus du double en 2015, à cause de la multiplication des conflits.

En réalité, une écrasante majorité de ces réfugiés sont accueillis ailleurs qu'en Europe, 9 réfugiés sur 10 se retrouvent dans des pays considérés comme économiquement moins développés. Et la France comptait encore récemment « un peu moins de 310 000 réfugiés ou demandeurs d'asile, soit 46 pour 10 000 habitants. Loin derrière d'autres pays européens comme la Lettonie (1 322 pour 10 000 habitants), l'Estonie (671), la Suède (233) et la Norvège (109)[74] ».

Cependant l'instabilité géopolitique pourrait être un facteur perturbant de notre système d'aides sociales et de soins, notamment si les conflits se rapprochent de nos frontières. La guerre en Ukraine qui fait rage depuis mars 2022 nous a montré que l'Europe n'est pas à l'abri de tensions aux conséquences meurtrières. Sans nécessairement envisager une catastrophe sur le sol français, des conflits à nos

---

[73] www.lemonde.fr/les-decodeurs/article/2015/09/03/le-nombre-de-migrants-et-refugies-a-explose-au-xxie-siecle-dans-le-monde_4744977_4355770.html

[74] *Ibid.*

portes génèrent des flux de réfugiés qu'il est de notre devoir d'accueillir, comme les Ukrainiens aujourd'hui, peut-être d'autres demain.

Et sans aller jusqu'au conflit armé, nous avons déjà vécu des vagues d'attentats, avec des impacts directs sur le système hospitalier (déclenchement de plans blancs, mobilisations massives des équipes soignantes, conséquences physiques et psychologiques). Au fil des époques, ces attentats ont changé de nature et de modes opératoires. Si ceux de 1995-1996 étaient relativement artisanaux, les experts constatent depuis l'émergence d'un « hyperterrorisme[75] ». On est passé en trente ans d'une bombe à retardement placée dans un lieu public à des attaques multisites et multimodales (New York 2001, Madrid 2004, Londres 2005), des commandos terroristes équipés d'armes de guerre et d'explosifs, avec prises d'otages et fusillades (Bombay 2008), jusqu'à celle de Paris en 2015 : « Au théâtre du Bataclan, se sont produites les prises d'otages et la tuerie de masse la plus importante observée en France depuis la fin de la Seconde Guerre mondiale[76]. » La nature des blessés à prendre en charge s'est également transformée : « d'un point de vue médical, l'attentat à la bombe de Boston et la fusillade d'Utoya ont mis en évidence que les équipes civiles de secours et de soins pré-hospitaliers pouvaient être confrontées à des blessés présentant des lésions voisines de celles des combattants militaires[77] », avec des impacts sur l'organisation de la prise

[75] www.mapar.org/article/1/Communication%20MAPAR/v9qzhoyj/Attentats%20terroristes%20et%20dispositif%20ORSAN.pdf

[76] *Ibid.*

[77] *Ibid.*

en charge, la formation aux soins, l'après-coup pour les équipes soignantes.

Et si le nombre de migrants et de réfugiés n'a jamais été aussi élevé, il atteindra des niveaux pourtant bien supérieurs si nous ne commençons pas à agir à la hauteur de l'enjeu climatique mondial. Canicules, inondations, incendies... toutes ces conséquences du dérèglement climatique déplaceront les populations par dizaines de millions, nourrissant l'instabilité géopolitique dans des proportions et modalités difficiles à concevoir pour l'instant, mais très certainement dramatiques.

L'instabilité géopolitique et ses répercussions dans un monde ultraconnecté se sont elles aussi mondialisées. Et comme pour le dérèglement climatique, plus personne n'est à l'abri.

Enjeu sociétal et institutionnel, en un mot civilisationnel

Au-delà de ces enjeux très incarnés, de ces questions de vie ou de mort, il existe à mon sens d'autres conséquences, en apparence peut-être moins spectaculaires mais tout aussi graves, qui touchent le cœur de la société française.

L'hôpital, et avec lui le service public de santé, est un symbole en France. Un symbole historique et social d'excellence, de sécurité et de solidarité. Consacré à l'origine à une mission chrétienne d'accueil des pèlerins et de charité envers les pauvres, malades et invalides, l'hôpital a été nationalisé en 1794 par la Révolution française et transformé en lieu de soins, transférant le pouvoir hospitalier du clergé au médecin : « Le projet de ces années révolutionnaires est d'édifier un nouveau système fondé sur l'assistance et non sur la charité, une assistance pensée, régulée, prise en charge et contrôlée par l'État. C'est l'espoir d'une transformation globale de la société sur la base d'un nouveau contrat social. Le pauvre se confond désormais avec le peuple souffrant et victime. Et dans ce système, les hôpitaux sont appelés à devenir les temples de la médecine : lieux de formation et de recherche, et peut-être un jour (mais guère avant Pasteur) lieux de guérison[78]. » La mission d'*assistance publique* a été officialisée sous la IIe République par la loi du 7 août 1851 qui indique que « toute personne malade, même sans ressources, doit être admise à l'hôpital de sa commune[79] ».

C'est un tournant très fort : l'hôpital public est emblématique du *contrat social*, cette relation contractuelle établie entre des « individus libres, aliénant volontairement une partie de leurs libertés pour se fondre dans une société aux règles parfois contraignantes (impôts, police, interdictions diverses) en échange d'une protection collective[80] », selon la vision de Rousseau. Si l'égalité devant le soin n'est plus garantie, le pacte social sera rompu, et le peuple ne sera plus tenu de respecter sa part. C'est le retour d'un potentiel chaos, induit par un « état de nature [...] d'insécurité perpétuelle » (Hobbes), le risque d'une multiplication des conflits sociaux (Locke)[81]. Le contrat social, basé sur l'intérêt général et la protection de tous, c'est tout simplement la

[78] www.lecese.fr/sites/default/files/pdf/Avis/2005/2005_10_eric_molinie.pdf

[79] *Ibid.*

[80] www.alternatives-economiques.fr/dictionnaire/definition/96921

[81] www.cairn.info/revue-humanisme-2011-4-page-48.htm

base de la démocratie. L'assistance publique est d'ailleurs exactement contemporaine de la devise nationale – Liberté, Égalité, Fraternité.

Sans un sursaut de notre part, la projection dans un autre monde hospitalier est malheureusement facile, et les exemples de systèmes de santé qui dysfonctionnent sont nombreux. Prenons l'exemple de l'Afrique du Sud. Pour des raisons bien différentes de celle de la France (principalement gestion défaillante et corruption), l'État sud-africain voit ses services publics et notamment son hôpital littéralement agoniser. Patients et personnel fuient devant le manque de moyens et l'inexistence de prise en charge. Il faut attendre cinq ans pour traiter un cancer de la prostate, un an pour un cancer du sein et six mois pour celui des cervicales. Des femmes paient en liquide pour accoucher dans des structures aux tarifs prohibitifs, effrayées par la réputation de l'hôpital le plus proche. Face aux listes d'attente interminables pour être ajoutés à un planning de chirurgie, avec antidouleurs durant des mois, des patients se tournent vers des établissements où ils sont opérés en quinze jours pour 3 000 euros[82]. L'écrasante majorité des soignants part exercer dans le privé ou à l'étranger, aboutissant à des absurdités : « Environ 40 % des médecins généralistes et des infirmières travaillent ainsi pour les 17 % de la population qui possèdent une assurance médicale[83]. » Le ministre sud-africain de la Santé, le Dr Aaron Motsoaledi, renchérit dans un autre article : « Nous sommes le seul pays au monde

[82] www.courrierinternational.com/article/sante-en-afrique-du-sud-lhopital-public-est-dans-un-etat-epouvantable

[83] *Ibid.*

qui dépense 4,5 % de son PIB pour la santé de 16 % de la population et 4,2 % pour les 84 % restants[84]. »

Depuis plusieurs années, et notamment avec la crise de la Covid, le personnel soignant français alerte de plus en plus fréquemment sur la menace de devoir faire le tri entre les patients, à rebours de son éthique historique et du principe constitutionnel d'égalité, de devoir décider qui recevra des soins selon ses chances de survie, selon son âge. Si notre couverture sanitaire universelle (qui est l'objectif de développement durable [ODD] n° 3 de l'ONU) périclite, c'est tout notre modèle social et démocratique qui s'effondre, comme en Afrique du Sud et d'autres pays, où seuls les riches peuvent se permettre de tomber malades. La France viendrait grossir les rangs des 100 millions de personnes par an dans le monde qui sombrent dans la pauvreté à cause des dépenses de santé laissées à leur charge[85]. Ce serait une énorme régression, et un bien triste présage pour nous comme pour le reste du monde.

L'hôpital et le service public de santé doivent être considérés comme un miroir révélateur de notre Société, « de ses détresses comme de ses joies, de ses limites comme de ses progrès [...] traduisant en termes de santé physique et morale le respect de la dignité de chacun, la non-discrimination et l'égalité de traitement due à chaque citoyen ». Ces valeurs sont inscrites dans la Constitution : « la Nation assure à l'individu et à la famille les conditions nécessaires à leur développement. Elle garantit à tous, notamment à l'enfant, à la

[84] www.sciencesetavenir.fr/sante/en-afrique-du-sud-le-systeme-de-sante-au-bord-de-l-asphyxie_133349

[85] www.who.int/fr/news-room/fact-sheets/detail/universal-health-coverage-(uhc)

mère et aux vieux travailleurs, la protection de la santé[86]... ». C'est ainsi que les urgences sont « le dernier endroit où la porte est toujours ouverte. On vous soignera même si vous n'avez pas de pièce d'identité, même si vous êtes en situation irrégulière. Si on ferme la porte, alors on ne vit plus dans la même société », résume Catherine Legall, cheffe de service des urgences de l'hôpital d'Argenteuil (Val-d'Oise[87]).

Au-delà des dégâts physiques et sanitaires considérables, la portée symbolique de l'institution hospitalière est cruciale. Sa dégradation entraînerait avec elle le vivre ensemble, la cohésion de la nation, la notion de bien commun, la démocratie et l'idée même de collectivité humaine « à la française ». L'hôpital, et avec lui le service public de santé, est un pilier qui soutient notre conscience nationale, comme d'autres services publics fondamentaux (l'éducation) et d'autres fonctions régaliennes (l'armée, la police, la justice) cimentent la nation. La perte de confiance dans cette institution vitale, symbolique et historique engendrerait une fragilisation profonde de l'édifice de notre Société.

La santé est donc à la fois un enjeu vital, un symbole et un rempart pour la confiance des citoyens dans le modèle social et politique français tel qu'il a été pensé depuis la Révolution. Son naufrage aurait de lourdes conséquences institutionnelles et sociétales et mettrait en péril une construction civilisationnelle héritée de siècles d'Histoire.

---

[86] www.cairn.info/revue-etudes-2007-10-page-319.htm#re1no2

[87] www.lemonde.fr/societe/article/2022/09/02/un-ete-aux-urgences-de-l-hopital-d-argenteuil_6139899_3224.html

CHAPITRE 3 :
Il est urgent de recréer du sens

La perte de sens au travail est un mal du siècle. Un véritable phénomène de société. On lui a même donné un nom. Après le *burn-out*, l'épuisement mental et physique entraîné par une surcharge de travail, le *bore-out*, l'ennui causé par une sous-occupation chronique, voici le *brown-out*, le désinvestissement lié à la perte de sens au travail[88]. Ce mal-être a commencé par toucher les métiers issus des nouvelles technologies – marketing et communication digitale par exemple. Il s'est également propagé à de nombreux autres secteurs... jusqu'aux soignants, pourtant aux antipodes de la futilité puisque aux prises avec des enjeux littéralement vitaux. Que s'est-il passé ?

---

[88] https://business.lesechos.fr/entrepreneurs/ressources-humaines/0701047717238-demotivation-les-salaries-zombies-nouveau-fleau-des-pme-347554.php

De quel sens parle-t-on ?

La philosophe et sociologue Dominique Méda, qui a particulièrement étudié la notion de travail, explique que les sociétés occidentales sont des « sociétés fondées sur le travail », que celui-ci est « au fondement de l'ordre social », et qu'il « détermine largement la place des individus dans la société » : « Travailler est une norme, un "fait social total[89]". » Outre le volume horaire largement prédominant que nous passons à travailler, notre activité professionnelle a acquis historiquement une importance centrale dans nos sociétés modernes, une qualité déterminante pour les êtres sociaux que nous sommes. En quelque sorte, le sens établit le bien-fondé de notre existence au sein du groupe social.

On lui prête de nombreux attributs et finalités tels que l'effort et la contrainte, mais aussi « la transformation créatrice d'un donné, la création de valeur, l'utilité, l'existence de contreparties ». Travailler nous demande une certaine peine, théoriquement compensée par le constat de résultats, d'une transformation entre avant et après l'accomplissement de la tâche. Le constat de leurs fruits récompense les efforts fournis jusqu'à les intégrer de façon positive dans notre esprit et nous donner la force de recommencer le lendemain : la satisfaction du travail accompli, une étape franchie, une mission remplie, une présence légitimée.

Toujours selon Dominique Méda, le travail est devenu « une valeur fondamentale, en même temps que le principal moyen d'aménager le monde », et elle articule ce changement avec le moment où la production est devenue « le principal objet de nos sociétés développées », donc « le lieu

[89] www.cairn.info/le-travail--9782130561170-page-5.htm

central du lien social et de l'expression de soi». Dans une société productive, l'individu qui produit à son échelle participe à l'effort global, s'inscrit dans un projet collectif, fait partie d'une communauté. Cela explique le rôle central du travail dans la vie sociale, mais aussi émotionnelle et intime des travailleurs occidentaux du XXIe siècle.

Le dysfonctionnement apparaît clairement en creux: si le travail ne donne pas satisfaction à l'individu qui l'accomplit, si le résultat escompté n'est pas atteint (pour des raisons diverses), dans ce contexte culturel, cela remet en cause les fondements existentiels de son existence, et peut provoquer un profond mal-être.

Pour essayer d'établir les lieux de ce dysfonctionnement, on peut essayer de distinguer les aspects fondamentaux qui participent au sens que l'on trouve dans son travail.

Les trois dimensions du sens du travail

Pour avoir beaucoup réfléchi à ce sujet au fil de mon parcours et des divers projets dans lesquels je me suis impliqué, et pour avoir abondamment observé le terrain, j'en suis arrivé à la conclusion que le sens du travail passe par trois dimensions principales.

L'impact sur la société, sur le monde

Notre travail doit avoir un impact sur notre environnement. On doit pouvoir en percevoir les effets sur le monde qui nous entoure. C'est ainsi que l'on se sentira utile, partie prenante d'un collectif social, d'un projet de société, d'une époque, d'un territoire. Comme dit Dominique Méda, le travail est un «moyen d'aménager le monde, d'en faire un “monde-pour-nous[90]” ». On doit être acteur de cette œuvre collective pour se sentir exister, utile, reconnu par ses pairs et relié à eux.

L'impact sur l'entreprise,
l'établissement qui nous emploie

On doit également avoir une interaction, voire un pouvoir d'action sur notre organisation professionnelle, être impliqué un minimum dans les processus de décision, dans les orientations, avoir un impact sur la direction des opérations, faire entendre son avis, ses recommandations. Cela contribuera également à la sensation de faire partie d'un tout, d'avoir sa place, un rôle à jouer, d'être entendu et reconnu.

La possibilité de progresser,
de développer ses compétences, de grandir

Enfin à titre individuel, on doit pouvoir progresser, évoluer, s'enrichir, varier ses tâches et ses responsabilités. On doit pouvoir apprendre, changer, ne pas stagner, finalement suivre une trajectoire naturelle, presque biologique, de transformation, d'affinage, de mûrissement.

Voilà pour les généralités qui concernent tous les métiers. Revenons maintenant au secteur soignant en particulier.

Soignants en perte de sens :
la nécessaire prise en compte de paradoxes multiples

« Courir d'un patient à l'autre, supporter leur humeur et se demander tous les jours pourquoi... J'ai craqué et

[90] www.cairn.info/le-travail--9782130561170-page-5.htm

finalement tout plaqué pour suivre une formation en création d'entreprise avec l'espoir d'ouvrir un commerce », témoigne un infirmier dans la Somme[91]. Ce témoignage est éloquent : il ne mentionne que la souffrance, la frustration, la contrainte. Sans aucune compensation : pas de satisfaction, pas de reconnaissance, pas de valorisation. Le travail n'est plus que pénibilité et risques. L'objectif – prendre soin, y trouver du sens et en tirer de la satisfaction – n'est plus atteint. Ne reste que l'amertume. Que manque-t-il donc pour redonner du sens à ce métier qui théoriquement en a le plus ?

Car il faut mentionner *a priori* un paradoxe de nature : que des personnes qui soignent ou assistent des malades aient perdu le sens de leur travail est un paradoxe. Car rien n'a plus de sens que de soigner. Rien n'a d'effet aussi tangible et évident que de prendre soin d'une personne vulnérable. Avec les métiers de l'éducation, ce sont les activités les plus nécessaires, littéralement vitales, voire fondatrices[92], d'une société. Participer au soin, à plus forte raison à la guérison, devrait avoir un effet de satisfaction immédiat, et au-delà, la contribution à l'ordre social est également sensible à travers l'apaisement d'une souffrance. D'ailleurs, malgré leurs difficultés, beaucoup de soignants continuent d'aimer leur métier, leur vocation, continuent d'y croire. La perte de sens s'opère donc ailleurs – mais où ?

D'abord, il faut reconnaître que la pratique du soin rencontre en elle-même de nombreuses difficultés et de

[91] https://business.lesechos.fr/entrepreneurs/ressources-humaines/0701047717238-demotivation-les-salaries-zombies-nouveau-fleau-des-pme-347554.php

[92] Voir chapitre 2.

frustrations. Comme nous l'évoquions[93], le soignant est souvent confronté à un sentiment d'impuissance : il ne peut pas tout guérir, il ne peut pas *tout*. Face à lui, notamment à l'hôpital, les attentes des patients en détresse sont grandes et l'échec est une souffrance. Comme l'explique Séverine Delieutraz, infirmière en psychiatrie qui a beaucoup écrit sur la souffrance des soignants : « Notre volonté de bien faire notre métier ne peut-elle pas parfois, et ce de façon paradoxale, être notre pire ennemie[94] ? » Il y a un écart quelquefois profond entre la vocation et l'idéal de celui qui choisit cette carrière – « Soigner, soulager la souffrance, amener une évolution positive pour le patient : telles sont les missions de l'infirmier lorsqu'il s'engage dans cette voie professionnelle » – et certaines situations cliniques qui « interroge[nt] douloureusement nos velléités soignantes ». La pratique quotidienne du soignant n'est pas un long fleuve tranquille. Elle est faite de choix, de composition – avec le patient, avec l'équipe, avec l'institution – d'interprétations et de décisions, parfois douloureuses ou risquées. Nous parlons d'humain face à l'humain, donc par définition de situations complexes, et le rôle de soignant implique lui-même un long processus de maturation pour aboutir à une posture saine et pleinement efficiente, pour lui-même et pour le patient, consciente à la fois de ses limites et de ses potentialités[95]. Le métier repose donc intrinsèquement sur un équilibre délicat, mêlant confiance, idéalisme et réalisme, et requiert en cela un environnement soutenant – une équipe,

[93] Voir chapitre 1.

[94] www.cairn.info/revue-cliniques-2012-2-page-146.htm

[95] *Ibid.*

un établissement, des institutions, une direction... – pour épauler le soignant dans ces missions délicates.

Depuis quelques décennies, avec le changement de gestion[96], un paradoxe supplémentaire s'est instauré au sein des établissements de santé, prenant la forme de « tensions entre règles et procédures formelles d'une part, et flexibilité des réponses que sous-entend l'exercice professionnel d'autre part[97] ». On peut imaginer sans difficulté que si les conditions de l'exercice du soin sont elles-mêmes sources de tension (gestion budgétaire, procédures administratives...), l'équilibre intrinsèque du métier est mis à mal, avec des conséquences multiples sur le soignant, et *in fine* sur le patient. Quelles sont ces conditions qui ont noyé le sens du métier de soignant ?

Les conditions de la déperdition

À l'hôpital, le premier élément de réponse, c'est sans doute le volume des établissements. En effet dans des structures qui emploient plusieurs milliers, voire plusieurs dizaines de milliers, de personnes telles qu'elles sont régies actuellement, de façon très verticale, il est difficile de percevoir son impact individuel. Les échelons hiérarchiques sont nombreux, qui cadrent les actes par des réglementations strictes et des protocoles. La rigidité de l'organisation n'est pas réceptive aux variations individuelles, qu'elles soient de l'ordre du questionnement ou de la revendication.

En outre, paradoxalement à ce volume, les travailleurs sont souvent relativement isolés, dans la mesure où il y a

[96] Voir chapitre 1.

[97] https://hal.archives-ouvertes.fr/hal-03024010/document

beaucoup de roulement de personnel, selon des horaires changeants, des engagements différents, des statuts variés, une grande variabilité de façon générale. Cela implique une fluctuation maximum des équipes, et gêne la construction de liens, l'établissement de routines, la création de repères.

En dehors des horaires de présence, les salariés hospitaliers ne communiquent pas entre eux par des réseaux ou outils de communication professionnels. En majorité, ils n'ont pas d'adresse e-mail, et encore moins d'outil digital de communication interne. Ils n'échangent la plupart du temps que *via* des panneaux d'affichage physique rudimentaires sur le lieu de travail, qui ne favorisent pas une communication fluide et libre. Ce manque d'échange participe à l'isolement, ne crée pas d'émulation collective qui pourrait avoir un impact sur la structure, engendrer la sensation de collectif, favoriser l'échange de bonnes pratiques et le débriefing de moments de doute ou de difficultés.

Les horaires de travail difficiles, les cadences rudes et les contraintes de présence, de changement d'emploi du temps fréquent et à la dernière minute, ont souvent un impact néfaste sur l'équilibre vie professionnelle/vie privée, qui altère aussi la perception du sens du travail, car il implique des complications dans la vie personnelle. On se sent à la merci de l'établissement, et non un sujet libre d'exercer selon ses propres contraintes.

Dans la pratique professionnelle, l'« administratisation » des pratiques, les politiques budgétaires, la multiplication des protocoles rendent difficile la pratique « simple » du soin, qu'elles contribuent à vider de son sens : « Il fallait qu'on rentre de plus en plus de procédures dans les ordinateurs [...]. On nous disait : "Tout ce qui n'est pas noté, c'est comme si ce n'était pas fait." Il valait mieux enregistrer une tâche qui n'avait pas été faite que l'inverse», raconte une infirmière qui a quitté son poste en 2019[98]. Ici, la mise en place de processus ou d'outils est vécue comme un fardeau, alors que l'objectif est pourtant de soulager la charge administrative et d'améliorer la qualité des soins. Encore faut-il que les processus et les outils soient les bons, et que leur mise en œuvre soit accompagnée pour que les professionnels les comprennent.

Tout cela contribue à instaurer un cercle vicieux: les conditions de travail détériorées entraînent de mauvaises pratiques, créant elles-mêmes de la frustration, qui éloigne le sens profond du métier, qui finit par n'être plus qu'une corvée mal accomplie. Les difficultés ne sont plus compensées par la reconnaissance, la satisfaction. Il ne reste que pénibilité, d'où le «à quoi bon?» qui revient dans de nombreux témoignages, parfois jusqu'à la reconversion.

La génération dite «des millennials» qui arrive sur le marché est encore plus sensible à cette question du sens au travail. Selon une enquête de Deloitte d'il y a quelques années, un tiers des répondants disaient déjà «voir le travail comme une source d'épanouissement durable, y cherchant un sens profond avec des missions qui évoluent[99]». Il est donc urgent de recréer du sens pour rendre le métier attractif auprès des jeunes, sous peine de désertification des métiers de la santé dans un futur très proche.

[98] www.francetvinfo.fr/sante/hopital/temoignages-l-hopital-public-en-crise-surmenage-perte-de-sens-mise-en-danger-des-patients-ils-racontent-pourquoi-ils-ont-rendu-leur-blouse_4849467.html

[99] www.digitalrecruiters.com/blog/sens-au-travail-premier-argument-recrutement-millennials

Des tentatives pour réinjecter du sens

Certaines évolutions récentes font preuve d'une volonté d'améliorer cette situation. Par exemple, un nouveau métier a été créé en 2018 : celui d'infirmier en pratique avancée, ou IPA. Il s'agit d'une formation complémentaire destinée aux infirmiers avec un minimum de trois ans d'expérience, sous forme de master en deux ans aboutissant à un diplôme d'État. Ce nouveau statut vise à « améliorer l'accès aux soins, ainsi que la qualité des parcours des patients, en réduisant la charge de travail des médecins sur des pathologies ciblées. En outre, la pratique avancée favorise la diversification de l'exercice des professionnels paramédicaux et débouche sur le développement des compétences vers un haut niveau de maîtrise[100] ». Les IPA sont en effet en capacité de « réaliser des activités d'orientation, d'éducation, de prévention ou de dépistage, des actes d'évaluation et de conclusion clinique, des actes techniques et des actes de surveillance clinique et paraclinique, des prescriptions de produits de santé non soumis à prescription médicale, des prescriptions d'examens complémentaires, des renouvellements ou adaptations de prescriptions médicales[101] ». Ce dispositif bénéficie donc aux patients, en répondant partiellement au problème du désert médical avec un accès à plus de personnel qualifié, ainsi qu'aux professionnels, qui diversifient leurs tâches, élargissent leurs compétences et leur rayon d'action, et progressent dans leur carrière.

[100] https://solidarites-sante.gouv.fr/systeme-de-sante-et-medico-social/acces-territorial-aux-soins/article/l-infirmier-en-pratique-avancee

[101] https://managersante.com/2020/03/13/regards-croises-detudiants-sur-leur-motivation-a-devenir-infirmier-en-pratique-avance/

Il est urgent de recréer du sens

Outre des compétences techniques élargies, les étudiants IPA suivent une formation en sciences infirmières, en éthique clinique, apprennent le leadership clinique, managérial et politique, et sont initiés à la recherche[102]. Cette vision plus vaste du métier du soin leur permet de prendre en charge les patients de façon plus autonome, tout en en référant aux médecins qui restent en supervision, auprès de qui les IPA sont un relais.

Si cette avancée est une bonne idée, basée sur l'observation du terrain, elle n'est pas encore pleinement efficace. D'une part, ce statut est encore méconnu, donc au sein de certaines équipes, l'étendue des tâches et des responsabilités reste floue, ce qui peut engendrer incompréhensions, tensions entre collègues ou stagnation de l'IPA[103]. En outre, ce statut est encore peu valorisé financièrement : les IPA sont rémunérés 50 euros net par mois de plus qu'un infirmier « classique » – quand la formation coûte environ 10 000 euros[104]. Pour l'instant, cela ne concerne donc que des professionnels très motivés par l'évolution de leur métier, et prêts à investir du temps et de l'argent pour cette évolution.

Si ce statut répond à de vrais besoins du terrain – autonomie, progression, besoin de personnel qualifié en quantité –, on peut aussi le considérer comme une réponse ponctuelle et très partielle à un problème de fond : donner plus de pouvoir de décision et de compétences à des infirmiers pour faire face au désert médical, est-ce que cela sera suffisant ?

---

[102] *Ibid.*

[103] Épisode 1 : « Niangui, infirmière avec supplément », https://podcast.ausha.co/perfusion-cafeinee

[104] *Ibid.*

Cela ne va-t-il pas desservir le personnel paramédical en faisant peser sur lui plus de travail, plus de responsabilités, sans régler la cause profonde qu'est le manque d'attractivité du secteur de façon globale ? Et ce d'autant plus si ce travail et ces responsabilités supplémentaires ne sont pas rémunérés à leur juste valeur ?

La responsabilité managériale

En tant que dirigeant, je suis convaincu que la question du sens du travail est aussi une grande responsabilité du management, et c'est pour moi un grand chantier de l'hôpital public et de l'ensemble des établissements de santé. Je suis intimement convaincu que le sens vient en grande partie du haut. Les dirigeants et les managers sont garants du sens du travail au sein de leurs équipes. Ils doivent l'insuffler dans leurs pratiques et leurs communications, autant que l'intégrer dans leurs modes de faire.

À titre d'exemple, et pour parler en connaissance de cause, c'est une question essentielle chez Hublo, et nous la mettons en œuvre par différents moyens. Tout d'abord, nous mettons en avant, de façon volontairement très explicite, le sens de notre activité : nous travaillons à améliorer et à soutenir le système de santé, et c'est là un point central de l'attractivité de notre entreprise. Il est d'ailleurs tangible : les candidats qui postulent chez nous sont très sensibles à ce sujet. Certains sont même des reconvertis des métiers du soin, qui ne supportaient plus leurs conditions de travail, mais restent très attachés à leur secteur d'origine et veulent continuer à œuvrer pour lui.

Ensuite, nous avons les mêmes difficultés que nos clients actuels, les établissements de santé, à attirer, recruter, fidéliser et motiver des hommes et des femmes pour travailler avec nous. Même si 37 % des jeunes actifs disent vouloir rejoindre une « start-up », ce n'est pas si simple. D'une part les bons profils sont aussi rares dans l'innovation et la technologie que dans le soin, et d'autre part nos candidats sont aussi exigeants que les postulants dans des établissements de santé. C'est entre autres pourquoi nous avons mis en place une véritable politique d'accueil des nouveaux venus – un planning précis des premiers jours, un déjeuner d'accueil, tout le matériel mis à disposition dès l'arrivée... Nous considérons en effet que c'est notre rôle de *séduire* les jeunes recrues, c'est notre responsabilité de leur donner envie de rester, de s'investir chez nous. C'est dans ce but que nous soignons le rituel de l'*on-boarding*. Les nouveaux salariés sont attendus, accueillis, encadrés, inclus, et ce pendant environ trois mois. Ils rencontrent tous les directeurs de départements, ce qui permet d'incarner littéralement les valeurs de Hublo ainsi que le sens de la mission de chaque équipe. On promeut également les rencontres interpersonnelles, notamment en responsabilisant chaque personne de l'entreprise vis-à-vis de l'accueil des nouvelles recrues et de leur formation. Nous essayons de soigner l'environnement de travail, de le rendre confortable, accueillant, réconfortant. Enfin, il est fréquent pour les entreprises de notre secteur de faire intervenir ponctuellement des personnalités inspirantes auprès des collaborateurs, pour qu'ils puissent se projeter, rêver.

Ce sont de petits détails en apparence, mais qui témoignent à mon sens de quelque chose de plus grand : le sens est partout, tout le temps, et il doit être valorisé, verbalisé, mis en valeur, explicité, vulgarisé. Il doit apparaître sur le matériel, dans les couloirs, dans les salles communes. Il doit être perceptible à chaque processus, à chaque moment de la journée, toute l'année. Finalement, le système entier lui-même doit *faire sens*, doit *produire* le sens.

Le système comme fabrique de sens

Comment expliquer en effet qu'un hôpital public, destiné à soigner des patients, à sauver des vies, à maintenir l'ordre social et à soutenir la démocratie[105], en arrive en 2022 à chercher le sens de sa mission ? Et cela lorsque des start-up comme PayFit, qui développe un logiciel de paie, ou Qonto, une néobanque, réussissent à recruter des centaines de personnes supplémentaires chaque année ? Si la vie et les missions d'un hôpital sont loin de celles d'une start-up, je suis pour autant sincèrement convaincu que l'un peut s'inspirer de l'autre pour améliorer son attractivité et son mode de fonctionnement.

Essayons de qualifier ce qui attire les jeunes générations dans ces nouvelles entreprises. Je crois que cela tient à trois notions fondamentales qui sont : la transparence, le sens et la mission. Trois notions qui sont de plus en plus importantes aux yeux des nouveaux travailleurs.

La transparence d'abord. Il ne s'agit pas simplement de rendre les chiffres accessibles, ou de répondre qu'ils sont publics et consultables. La transparence telle qu'elle est attendue et espérée aujourd'hui, c'est d'expliquer, de vulgariser, de montrer ce qui se cache *derrière* ces chiffres, et de le dire avec des mots qui seront compris de tous. C'est un processus fort d'inclusion, cela équivaut à dire au

---

[105] Voir chapitre 2.

personnel : « Vous faites partie de ce projet, vous avez contribué à ces résultats, vous avez le droit et le devoir de connaître les retombées de votre action quotidienne. » Cela répond au besoin d'impact sur le monde et sur l'entreprise.

Le sens, nous en avons beaucoup parlé, passe par l'inclusion également, et tout ce qui fait que l'individu se sent utile, intégré dans son humanité, valorisé en tant que personne, travailleur, élément d'un groupe. Quant à la mission, c'est l'objectif poursuivi par l'individu et le groupe autour de lui, dans l'émulation globale insufflée par le haut, reçue et attisée par le reste de l'organisation dans un va-et-vient perpétuel. Ce modèle inclut par exemple la coconstruction de la stratégie d'entreprise, qui ancre encore un peu l'individu dans le collectif.

Finalement, ce qui attire dans le modèle de la start-up, c'est un système inclusif et valorisant l'humain, véhiculant l'idée que chacun est utile, valorisable et valorisé, chacun à sa place, chacun avec ses compétences. Ce sont des environnements où l'on considère l'humain comme valeur première de l'entreprise. Bien sûr, cela implique beaucoup de travail, et le succès est un pari qui dépend de tous – mais justement chacun en devient responsable, et est grisé par cet élan, récompensé par les résultats partagés.

Le fait que les métiers du soin perdent le sens de leur activité doit nous alerter, à plusieurs niveaux. Au vu de cette courte revue des éléments qui font le sens d'un travail, au sein d'une entreprise, au sein d'une société, à l'échelle individuelle, et de modèles qui semblent fonctionner, il faut, sinon révolutionner, du moins réformer en profondeur le fonctionnement de l'hôpital et des établissements de santé, pour réinsuffler le sens qui leur (et nous) manque tant.

CHAPITRE 4 : L'intelligence artificielle ne remplacera pas les soignants

Depuis une dizaine d'années, l'intelligence artificielle (IA)[106] et les nouvelles technologies ont bouleversé le marché du travail. On parle de 4e révolution industrielle (4RI). Celle-ci désigne l'émergence des technologies de l'information et de la communication – l'Internet des objets (IoT), le big data, la 5G et l'IA. Nous assistons actuellement à l'avènement rapide d'une économie basée et guidée par les données. Et au même titre que les révolutions industrielles précédentes, la société s'en trouve transformée. Métiers, usages, interactions – toutes les caractéristiques sociétales s'en ressentent, parfois jusqu'à une totale métamorphose, voire une disparition pure et simple de certains de leurs aspects. C'est ainsi que nombre de métiers ont énormément

[106] Par IA, dans cet ouvrage, on entend IA faible ou étroite (par opposition à l'IA forte ou généralisée), non sensible, c'est-à-dire les systèmes qui existent actuellement.

changé, voire sont amenés à disparaître, et ce parfois dans les domaines où l'on s'y attendait le moins.

Des activités en phase d'être remplacées par les nouvelles technologies

Les rapports et articles se multiplient pour lister les métiers amenés à disparaître, estimant leur date limite ou un pourcentage de leur taux de survie dans les cinquante prochaines années. Sans se lancer dans des prédictions plus ou moins hasardeuses, on peut déjà constater les évolutions actuelles, avec tout d'abord une grande tendance, relevée par l'Office européen des brevets (OEB) dans une étude publiée en décembre 2020[107] : alors que les révolutions industrielles précédentes consistaient à remplacer l'effort physique, humain ou animal, par des machines, ou plus récemment des ordinateurs, la 4RI va beaucoup plus loin. Notre capacité à collecter, partager et traiter des quantités massives de données permet d'automatiser des tâches complexes à une échelle inédite[108]. Cette révolution est l'effet d'un autre type : si les mutations technologiques précédentes ont permis de faire évoluer ou disparaître les métiers les plus pénibles, les plus répétitifs, les plus physiques, aidant les humains à se concentrer sur d'autres tâches censées être plus épanouissantes, plus intellectuelles, plus créatives – plus « humaines » –, aujourd'hui, ces tâches mêmes sont en passe d'être potentiellement ou partiellement prises en charge par des machines, et les professionnels de ces secteurs

[107] http://documents.epo.org/projects/babylon/eponet.nsf/0/06E4D8F7A2D6C2E1C125863900517B88/$File/patents_and_the_fourth_industrial_revolution_study_2020_en.pdf

[108] Traduction de l'auteur.

allégés de tout un pan de leur activité. On trouve parmi ces métiers des activités dites « intellectuelles », « du tertiaire », « de bureau », voire « créatives », comme des comptables, des employés de banque et d'assurance, des secrétaires et des assistants tous secteurs confondus[109], mais aussi des journalistes, des bibliothécaires, des traducteurs, et même des écrivains[110]. Ces derniers ne sont évidemment pas menacés de disparition dans un futur proche. Il faut cependant noter que des activités qui nécessitaient jusqu'à il y a encore vingt ans une intelligence et une sensibilité proprement humaines peuvent désormais être effectuées sur un mode hybride. Des robots ou des programmes informatiques sont capables aujourd'hui, même de façon encore expérimentale, de s'aligner sur des compétences humaines.

Le domaine de la santé n'est pas épargné par ces mutations. L'archétype de ces métiers dits « remplaçables » – on parle là encore d'une partie seulement de l'activité – est peut-être la radiologie (« Tu n'as pas peur d'être remplacé par l'IA ? Tous les internes en radiologie ont entendu au moins une fois cette question[111] »), dont le cœur de métier consiste à analyser des images pour établir un diagnostic. Et de fait, cette spécialité entretient déjà d'étroites relations avec l'IA. Parmi elles, l'exemple du projet RAID a rassemblé les radiologues du CHU de Lille et des spécialistes de l'IA de l'Institut national de recherche en sciences et technologies

109 www.futura-sciences.com/tech/questions-reponses/robotique-robotisation-ia-sont-metiers-plus-menaces-9739/

110 www.tf1info.fr/high-tech/au-japon-un-robot-ecrivain-a-bien-failli-remporter-son-premier-prix-litteraire-1506865.html

111 www.lequotidiendumedecin.fr/specialites/radiologie/les-radiologues-remplaces-par-lintelligence-artificielle-un-interne-sattaque-aux-idees-recues

du numérique (Inria) avec pour objectif de mettre au point un algorithme d'aide à la décision en radiologie. Cette expérience a montré que les deux algorithmes élaborés présentent un taux de précision de plus de 90 %[112]. Elle a également posé d'autres problématiques sur lesquelles nous reviendrons.

Toujours dans le domaine de la santé, certains gestes très techniques peuvent être pris en charge par des outils robotiques : « En chirurgie orthopédique, l'IA était présente comme aide à la décision par les dispositifs de navigation, de réalité augmentée puis d'assistance de coupe. La synergie de ces différents procédés aboutit à une véritable assistance numérisée dans la réalisation du geste chirurgical lui-même[113]. » Capteurs, imagerie, prototype et coupes virtuels, modélisation, calculs en temps réel, précision numérique, sécurisation du geste, reproductibilité de la procédure : la robotique couplée à l'IA présente de nombreux bénéfices dans des domaines de précision comme la chirurgie. On a même la possibilité aujourd'hui d'effectuer des opérations à distance à l'aide de ce type de robots, comme celle qui a eu lieu le 8 décembre 2020, la première en Europe, entre le Medical Training Center (MTC) de Rouen, en Seine-Maritime, et le CHU de Caen, dans le Calvados[114]. Le chirurgien a opéré à distance en maniant le robot à l'aide d'une console, d'un retour vidéo en direct, et d'une assistance sur

[112] www.inria.fr/fr/intelligence-artificielle-radiologie-benefices

[113] www.orthosudmontpellier.com/les-pathologies/genou/chirurgie-robotique-en-quoi-consiste-t-elle.html#:~:text=En %20chirurgie %20 orthop %C3 %A9dique %2C %20l'IA,du %20geste %20chirurgical %20lui %20 m%C3 %AAme

[114] https://actu.fr/insolite/entre-caen-et-rouen-une-operation-chirurgicale-reussie-a-plus-de-100-km-de-distance_38900369.html

place. L'expérience sur l'animal a été un succès et projette d'être reconduite sur l'humain.

Enfin, le contrôle et le suivi peuvent constituer un troisième domaine où la technologie gagne du terrain sur l'exercice médical purement humain. Le contrôle de grains de beauté effectué par les dermatologues par exemple se révèle très performant lorsqu'il est réalisé par un algorithme : une étude a montré qu'un programme était capable d'identifier 95 % des mélanomes, quand 58 dermatologues n'en reconnaissaient que 87 %. Il permet aussi de réduire le nombre de faux positifs, c'est-à-dire des lésions considérées comme des mélanomes alors qu'elles n'en sont pas, évitant ainsi un excès d'interventions pour éliminer des tumeurs à titre préventif, donc des actes de chirurgie et des cicatrices inutiles. La machine présente l'avantage d'« évaluer plus de critères géométriques que l'œil humain : la différence de ton d'un pixel à l'autre ou encore l'asymétrie des bords », explique le Pr Luc Thomas, dermatologue au CHU Lyon Sud et chercheur au centre de recherche sur le cancer de Lyon, qui a participé à cette étude[115].

Parmi les progrès de la télémédecine, on peut citer l'exemple de la télécardiologie. La surveillance à distance des pacemakers et défibrillateurs automatiques implantables envoie les données collectées par l'appareil au cardiologue *via* un site internet sécurisé. Plusieurs études ont démontré la sécurité de cette procédure et la satisfaction des patients. Le nombre de visites de suivi diminue, soulageant ainsi les engorgements des cabinets de spécialistes de moins

[115] https://sante.lefigaro.fr/article/l-intelligence-artificielle-excelle-dans-le-diagnostic-du-melanome/

en moins nombreux, tout en permettant un diagnostic plus précoce des arythmies[116].

On peut tenter ici de caractériser les tâches remplaçables par ces nouvelles technologies : elles sont généralement répétitives, concernent le traitement de données – collecte, analyse, prédictions, modélisation, raisonnements simples – dont le résultat permet de poser un diagnostic et de prendre des décisions. Elles incluent également des actes de grande précision. Les nouvelles technologies prennent donc le pas sur certains pans *seulement* de l'activité médicale et paramédicale. Elles améliorent les voies de guérison en délestant de leurs tâches les plus techniques les professionnels, dont elles ne peuvent pour autant *pas se passer*. C'est la conclusion du projet RAID[117] qui « confirme ce que nous pensions et ce que la majorité des chercheurs du domaine [de la recherche en informatique] s'accordent à dire aujourd'hui : les machines ne remplaceront pas l'humain mais le soutiendront ». Et pour cause, d'autres aspects, parfois majoritaires selon les métiers, ne seront *pas* pris en charge par des machines.

Pourquoi les métiers paramédicaux ne seront pas remplacés

En recensant les tâches potentiellement automatisables, nous avons distingué deux aspects principaux dans l'activité médicale et paramédicale : les tâches d'ordre technique, et les autres. Quelles sont ces autres ? Elles relèvent en grande

[116] www.revmed.ch/revue-medicale-suisse/2011/revue-medicale-suisse-285/la-telecardiologie-pour-les-stimulateurs-cardiaques-et-les-defibrillateurs-implantables

[117] www.inria.fr/fr/intelligence-artificielle-radiologie-benefices

partie du soin. Mais qu'est-ce que le soin ? Le CNRTL, la base lexicale du CNRS, le définit comme le souci, la préoccupation, relatif à un objet, une situation, un projet auquel on s'intéresse[118]. Le premier synonyme qu'il propose est « attention ». Pour *Le Robert*, les soins sont les actes par lesquels on soigne, l'attention, la prévenance, la sollicitude[119]. Et soigner, c'est s'occuper du bien-être et du contentement de quelqu'un[120]. Les mots posent d'eux-mêmes les limites de l'avancée technologique dans ces domaines : un robot, une IA, la plus experte soit-elle, ne seront pas capables de souci, de préoccupation, de sollicitude ou de prévenance. Ils n'auront pas de notion de bien-être ou de contentement. Si les machines peuvent apprendre à manipuler des mots, des images, voire des idées, à force de les stocker et de les cataloguer, elles n'auront pas une sensibilité, une histoire, un vécu qui les rendront capables d'établir une relation digne de ce nom avec un patient humain : une relation d'*empathie*. Or ces éléments sont indispensables au bon déroulé d'un traitement thérapeutique, d'une prise en charge réussie, en d'autres termes ont un rôle majeur dans un objectif de guérison.

Plusieurs études se sont penchées sur cette question. Il convient d'abord de définir l'empathie, en commençant par la distinguer de la sympathie : si cette dernière consiste à « partager les émotions des malades, leur peur, leurs angoisses, leur détresse, ce qu'il serait vain de demander au personnel soignant, voire même contre-productif »,

[118] www.cnrtl.fr/definition/soin

[119] https://dictionnaire.lerobert.com/definition/soin

[120] https://dictionnaire.lerobert.com/definition/soigner

l'empathie, elle, permet de « comprendre que le sujet puisse avoir ces émotions, ce dont le personnel doit tenir compte s'il veut être efficace ». Autrement dit, il s'agit pour le soignant empathique d'établir une « relation cognitive et non affective » où il s'occupe non « seulement de la maladie du sujet mais aussi du sujet de la maladie »[121]. Il est prouvé que ce type de relation participe au bien-être des patients et favorise l'observance des traitements « par l'intermédiaire de l'échange d'informations, de l'expertise reconnue, de la confiance interpersonnelle et d'un partenariat[122] ». Dans cette mesure, l'empathie améliore la santé des patients, et par conséquent réduit les coûts de prise en charge.

On comprend pourquoi cette qualité est vantée et même enseignée aux étudiants du secteur paramédical, qui font partie des rares professions où l'on forme à l'empathie. Ce sont en effet des métiers où les émotions sont fortes, et où il faut apprendre à les gérer, avoir des moyens de les canaliser : « dans l'exercice professionnel, les émotions non identifiées peuvent "inonder" la personne, altérer le raisonnement clinique, voire conduire au *burn out*[123] ». Les conséquences peuvent donc être dramatiques pour le patient comme pour le professionnel.

Un autre exemple est très parlant. Lorsqu'il faut annoncer une aggravation ou un décès à la famille d'un patient, qu'il s'agisse d'un médecin ou d'un infirmier, l'écoute, l'empathie, la pédagogie, voire la diplomatie,

---

[121] www.cairn.info/revue-recherche-en-soins-infirmiers-2006-1-page-58.htm

[122] *Ibid.*

[123] www.actusoins.com/23279/lapprentissage-emotionnel-formation-en-soins-infirmiers.html

le soutien et l'accompagnement dans la souffrance, sont des qualités essentielles. Peut-on seulement imaginer ces annonces faites par une machine ? C'est tout simplement impensable.

Si la technologie peut et doit aider et soulager les soignants dans des tâches techniques – elle est et sera de plus en plus bien meilleure qu'eux dans ces domaines –, le cœur du métier, fondé sur l'empathie et des capacités relationnelles, reste fondamentalement *humain* et donc simplement *irremplaçable*. La technologie est incapable d'empathie. En outre, les perspectives du métier avec les évolutions démographiques que l'on a vues[124] – vers des besoins croissants auprès de populations vieillissantes, avec des maladies chroniques ou de longue durée – requerront plus que jamais des capacités d'accompagnement par des *personnes*, dotées de sensibilité, de pédagogie et d'empathie – et non seulement de bons techniciens. En caricaturant un peu, on pourrait même imaginer un suivi de ces patients majoritairement à distance grâce à de nombreux outils connectés, et un professionnel qui lors de visites s'assurerait du bon déroulement du traitement et du bien-être général du patient – soit des visites consacrées presque exclusivement au soin.

Le facteur humain comme valeur première dans nos sociétés de demain

On a trop compté jusque-là sur les qualités humaines comme des tendances naturelles, présentes par défaut puisque caractéristiques de nature, ce qui est évidemment

[124] Voir chapitre 2.

vrai – *a priori* nous sommes tous humains par nature. Et pourtant, là où nous avons fait preuve de négligence, c'est que non seulement cette humanité est nécessaire et même vitale dans de nombreux secteurs (exactement au même titre que des compétences techniques), en particulier le secteur soignant, mais en plus, et contre toute attente, elle peut *disparaître* ou s'amoindrir dans un contexte déshumanisant.

Un signe de ce premier point est l'immense prédominance des femmes dans le métier infirmier, à tel point que l'on féminise volontiers le mot pour parler de l'ensemble de la profession, comme si ce métier était *par essence* féminin. Pourquoi ? Parce que traditionnellement (« par nature ») la femme *prend soin* – des enfants, de la famille, du foyer… –, construisant ce mythe de la « nature féminine » du soin[125]. Ainsi, peut-être de façon impensée, de nombreuses générations de femmes sont devenues infirmières, tablant sur des qualités « naturelles ». Elles étaient d'ailleurs autrefois des religieuses[126], donc uniquement des femmes. Dans cette même ligne, on parle aussi volontiers de vocation, voire de sacrifice. Les soignants seraient « appelés » à faire ce métier comme autrefois les nonnes, et dévoués corps et âme à leur engagement et leur devoir de soin.

Je ne suis pas d'accord avec cette idée que le soin est féminin par nature. Je pense qu'à part éventuellement des métiers où la force physique est un attribut nécessaire et primordial, il n'y a aucune raison pour que des secteurs soient davantage masculins ou féminins. C'est une construction sociale dont il a été maintes fois prouvé qu'elle

[125] www.cairn.info/revue-recherche-en-soins-infirmiers-2011-4-page-38.htm

[126] Voir chapitre 2.

commence dès l'enfance et varie selon les époques[127]. Je constate en revanche que *l'humanité* dans les métiers du soin est une qualité *primordiale*, et qu'elle doit donc être valorisée comme telle, enseignée, célébrée comme un véritable talent, comme une richesse pour les établissements de santé et notre Société tout entière. Et si elle peut avoir une origine naturelle, elle n'en doit pas moins être encouragée, préservée, enrichie. Elle doit également être soutenue, aidée et éventuellement secondée par des outils si cela est possible, par exemple pour lui donner le temps et l'espace de fonctionner ensuite à plein régime – comme n'importe quelle autre qualité professionnelle. Comme un sportif soigne sa forme physique. Comme un artiste nourrit son esprit. Un soignant, et tout autre métier où ces qualités humaines sont essentielles *à son exercice professionnel*, doit disposer des moyens nécessaires pour se ressourcer afin d'*exercer correctement son activité*.

En ce sens, l'apparition des nouvelles technologies pourrait paradoxalement aider à *réhumaniser* nos modes de travail et à vivre en société. C'est un des scénarios possibles face à l'émergence de l'IA dans le milieu professionnel, que plusieurs spécialistes, chacun depuis son domaine, soutiennent ou appellent de leurs vœux – comme Yann Ferguson, sociologue, enseignant à l'Institut catholique des arts et métiers à Toulouse, d'une certaine façon Loïc Winckelmans, fondateur de Retviews, solution belge de veille concurrentielle pour les enseignes de mode, ou encore un certain Bill Gates, cofondateur de Microsoft : « Le travailleur de demain ne se contentera pas, selon eux, de déléguer les tâches répétitives

[127] www.ouest-france.fr/societe/egalite-hommes-femmes-pourquoi-nos-metiers-ont-trop-souvent-un-sexe-2982925

à la machine : il explorera jour après jour les frontières sans cesse réinventées du “proprement humain” – la créativité, l’adaptation, l’intuition, l’imagination, l’initiative, la prise de risques[128]. » Pour Loïc Winckelmans, les tâches robotisables n’étaient pas dignes de l’humain, et tant mieux si ces postes sont désormais occupés par des machines. Il faut rendre à l’homme ses caractéristiques spécifiques, inappropriables par la machine, telles que « le raisonnement créatif, la capacité entrepreneuriale, le libre arbitre, la contradiction ou l’émotion[129] ». C’est aussi pour cet entrepreneur une « chance fantastique de créer de la croissance et de redéfinir notre système social », et même de rendre à l’Europe son pouvoir créatif, elle qui « a toujours excellé technologiquement et socialement à l’échelle mondiale[130] ».

Même sans aller aussi loin dans les projections et les théories futuristes, on constate dès aujourd’hui le retour de la place de l’humain dans l’organisation du travail et sa tentative de revalorisation, avec la place grandissante donnée aux *soft skills*, ces compétences de nature sociocomportementale ou encore transversale. On peut lire ainsi dans un rapport de mai 2022 du think tank gouvernemental France Stratégie[131] que « les émotions jouent un rôle crucial dans la prise de décision », et plus précisément : « Les capacités émotionnelles d’un individu interviennent à travers son niveau

[128] www.lemonde.fr/idees/article/2018/11/23/mutations-du-travail-les-differents-profils-de-l-intelligence-artificielle_5387287_3232.html

[129] www.lsa-conso.fr/intelligence-artificielle-une-menace-pour-nos-emplois,300971

[130] *Ibid.*

[131] www.strategie.gouv.fr/sites/strategie.gouv.fr/files/atoms/files/fs-2022-dt-soft_skills-mai.pdf

d'empathie, c'est-à-dire sa capacité à se représenter ce que pense ou ce que ressent autrui tout en le distinguant de ce qu'il pense ou ressent lui-même. Cette empathie joue à deux niveaux principaux. Tout d'abord, il y a **l'empathie affective**, qui est du domaine du ressenti de ses propres émotions et de celles des autres. Ensuite, il y a **l'empathie cognitive**, qui est du domaine de l'appréhension et de la compréhension du point de vue de l'autre. » Sont ensuite exposées des situations, ici entrepreneuriales ou managériales, où l'empathie joue un rôle central, notamment avec des objectifs d'innovation et de cohésion.

Finalement, une société où l'on remet l'humain au cœur du système et la technologie en support cherche à repenser son équilibre entre avancées techniques et valeurs essentielles : une démarche devenue vitale en ce début de XXIe siècle.

La technologie responsable : un nouveau paradigme sociétal

J'ai fondé une start-up dont le produit est une solution digitale qui automatise des processus manuels et s'appuie sur des algorithmes. Je suis moi-même passionné de technologie et je crois profondément que des outils bien pensés et bien conçus sont utiles et viables, et changent notre quotidien. Pour autant, je suis conscient que certaines nouvelles technologies peuvent avoir un impact sur la société, peuvent mener à des dérives, parfois graves. En fait, comme tout outil, s'il est mal utilisé, il peut être dangereux. C'est pourquoi j'accepte et j'écoute les critiques, les peurs, les inquiétudes face au changement profond que représente l'arrivée de ces nouveaux instruments. C'est le principe du *pharmakon*, qui selon l'usage sera remède ou poison, améliorera ou détruira son objectif.

La technologie doit être pensée *au service de* l'humain, paramétrée, surveillée, corrigée par l'humain, être sans cesse reliée au terrain, et ne jamais évoluer en roue libre, ou hors sol. L'humain doit toujours rester au centre, rester la référence, le mètre étalon, le sujet et le maître. De même que lorsque le chirurgien opère à distance, à l'aide d'un bras robotique, un humain est derrière le robot, qui l'actionne, le dirige, choisit ses mouvements, prend les décisions. Et des humains sont aussi physiquement autour du robot, prêts à intervenir au moindre doute. Ces outils ne sont pas autonomes, ils ont été pensés par l'humain et gardent sa marque. L'IA étroite comme les autres technologies de la 4RI n'inventent pas, n'innovent pas, ne créent pas (même si elles en ont l'air lorsqu'elles arrivent à écrire un roman !), elles exécutent et apprennent dans le cadre qu'on leur a donné. Selon Yann Ferguson, l'IA a par nature une approche conservatrice puisqu'elle repose sur les données du passé. Ce ne sont pas des ennemis, seulement des outils, et doivent être abordés comme tels. Si un algorithme de recrutement est discriminatoire, c'est la responsabilité de l'humain qui l'a développé et paramétré en ce sens. La technologie n'est pas *responsable*, les humains qui la portent si. Cela peut même être une opportunité de se remettre en question, l'outil peut offrir un miroir à son créateur – pour peu que celui-ci soit suffisamment humble pour s'y regarder.

Dans le cas des soignants, la technologie doit être pensée pour *redonner du temps de soin*, du temps auprès des patients, et déléguer la gestion, l'administration, le suivi, à des outils qui savent le faire – et toujours sous contrôle. Il faut injecter des instruments partout où les qualités humaines ont perdu du terrain pour leur rendre leur place centrale.

En ce sens, la vision de la technologie que je porte est à la fois ultrapragmatique – repérer les besoins, évaluer la réponse potentielle par une solution technologique, la développer, la promouvoir – et porteuse d'une vision – d'une société, du monde du travail, des relations interpersonnelles, de la qualité du soin… Et au sein de cette vision, la question de l'éthique est centrale. La technologie est là paradoxalement pour *prendre soin* des soignants, et doit pour ce faire être consciente de ses limites. Il faut la considérer comme de la main-d'œuvre, et les soignants comme des artisans, des créateurs de bien-être et de lien social. C'est ma conviction profonde, mon engagement, celui de mon entreprise, et potentiellement de tout un secteur, mis au service de la santé. Et je crois profondément que si la technologie est porteuse d'une vision centrée sur l'humain, tous les paramètres, tous les biais seront les bons. Les solutions doivent être développées *avant tout* avec un grand sens éthique, et passées au crible de l'esprit critique. Et, à travers Hublo, je crois pouvoir affirmer que nous contribuons à la vision de l'homme augmenté de Yann Ferguson : « L'IA s'occupe des tâches à faible valeur ajoutée [je parle ici de remplir des plannings], ce qui permet de se consacrer davantage à son cœur de métier [prendre soin des patients]. C'est une nouvelle division du travail[132]. »

[132] www.capital.fr/entreprises-marches/intelligence-artificielle-50-des-met ers-seront-touches-1344142

Pour un nouveau regard sur le progrès et une nouvelle division du travail

Je ne suis certes pas le premier à vouloir remettre l'humain au cœur de notre projet de société, et notamment de la santé, et je ne suis pas le seul à vouloir rendre à la technologie sa juste place de support et non de structure pour la communauté humaine. Pourtant, je constate que peu d'acteurs mènent au bout ce raisonnement, jusqu'à un changement assez profond de notre organisation socio-économique. Si l'on poursuit ce développement, on revoit complètement l'échelle de valorisation des métiers ; si l'on considère que les compétences humaines sont indispensables à notre survie et notre vie en collectivité, et irremplaçables par des machines, on rend leur noblesse par exemple à tous les métiers du soin et du relationnel. Le personnel paramédical n'est plus considéré comme des « petites mains », mais comme des maillons cruciaux de la santé. Et c'est tout le système qui est repensé à l'aune de ces prises de conscience. Le système de santé bien sûr, mais aussi le système de valeurs global à l'échelle d'une société. Il ne s'agit évidemment pas de mettre en place de nouvelles hiérarchies, mais plutôt de rendre leurs voix à des métiers primordiaux et de les soutenir par tous les moyens – technologiques, politiques, économiques – pour construire une société viable et vivable pour tous.

Ce changement profond interviendra aussi par la transformation de notre vision du progrès technologique, en considérant ses avancées non avec méfiance comme la disparition de ce qui est, mais comme des améliorations de ce qui est perfectible, et en lui redonnant sa juste place d'outil fabuleux au service de l'humain. Dans la mesure où le bien-être individuel et collectif est un objectif indétrônable, on en fait un extraordinaire moteur de progrès social. Revenons encore une fois aux mots de Ferguson : une fois déléguées aux machines les tâches répétitives et monotones, « cette réhumanisation par réhabilitation de notre ultrasociabilité est solidaire d'une revalorisation de la place de nos émotions[133] ». Nous construisons dès lors une société où le lien social a de nouveau toute sa place, où l'empathie est une qualité et une compétence recherchées, reconnues, notamment dans l'exercice professionnel.

Maintenant que l'on a montré que la machine sur certains points précis surpasse l'humain, tout en restant sous sa surveillance, l'humain ne doit plus se mesurer à la machine mais jouer sur sa complémentarité, un peu dans la ligne de Garry Kasparov et de sa théorie du centaure aux échecs – coupler la puissance de calcul de l'ordinateur et la créativité de l'humain – ou de Steve Jobs qui parle de l'informatique comme d'un vélo pour l'esprit – la mémoire et le traitement des données d'un côté, le jugement, l'intuition et l'empathie de l'autre[134].

Il faudrait déterminer rationnellement les secteurs où le progrès apporte une amélioration (progrès cliniques, gestion administrative) et préserver à tout prix ce qui ne pourra jamais être remplacé, en le valorisant comme des talents individuels et comme une richesse commune.

Face aux services d'urgences à bout de souffle, aux personnels paramédicaux en souffrance, certaines avancées technologiques proposent une perspective enthousiasmante

---

[133] www.lemonde.fr/idees/article/2018/11/23/mutations-du-travail-les-differents-profils-de-l-intelligence-artificielle_5387287_3232.html

[134] www.capital.fr/entreprises-marches/intelligence-artificielle-50-des-metiers-seront-touches-1344142

pour renouveler un modèle du soin, et même social et sociétal, qui s'essouffle. Les institutions et l'État ont un rôle à jouer dans ce changement de valeurs, de regard. Ils doivent redonner leur sens profond à ces compétences proprement humaines, leur importance au soin, car celles-ci impactent de façon profonde l'ensemble d'une société – sur des questions de vie et de mort.

CHAPITRE 5 : Inclure les soignants dans les mutations du travail

À mesure que le monde change, le travail évolue, à la convergence de nombreux aspects de la société : les rapports humains, les progrès technologiques et scientifiques, les évolutions sociétales, les tendances démographiques... Depuis une vingtaine d'années, il semble que les choses changent de plus en plus vite. La révolution digitale y est certes pour quelque chose, mais elle n'est pas le seul facteur de transformation. Les contextes sanitaire, économique, politique et géopolitique ont aussi des répercussions sur nos quotidiens. La pandémie de Covid-19 bien sûr, plus récemment le conflit en Ukraine, et de façon plus progressive l'émergence de nouvelles puissances à l'échelle mondiale, et la mondialisation dans son ensemble, impactant structurellement les chaînes de production et les mobilités, toujours plus intenses, opèrent une véritable métamorphose de notre rapport au travail. Les métiers se transforment, les secteurs se restructurent, les attentes des travailleurs mutent d'une génération à l'autre. Ce n'est rien de moins qu'un nouveau contrat social qui émerge sous nos yeux, et qu'il nous faut absolument prendre en compte pour réinventer un monde du travail, qui reste à la fois humain et cohérent avec son contexte de façon globale. Nous tenterons ici de définir les grandes lignes de cette mutation, puis de les décliner pour le secteur de la santé, autant pour correspondre aux nouvelles attentes des professionnels que pour embrasser le monde du XXIe siècle et ses métamorphoses.

Mutations du travail : les grandes tendances de fond

La recherche de sens

La première grande tendance de cette mutation, dont nous avons déjà parlé, celle qui ressort de toutes les études parce qu'elle est flagrante, conditionne toutes les autres, et transforme en profondeur la vie des Français, c'est cette fameuse quête de sens. Les témoignages se multiplient de ces professionnels qui, après de longues années d'études et un début de carrière parfois très réussi, se heurtent à un vide existentiel et opèrent un virage à 180° pour une autre voie – indépendance, création artistique, agriculture, métiers manuels, création d'entreprise ou start-up engagées, secteur social ou caritatif... Un média en a fait sa ligne éditoriale, *Les Déviations*[135], montrant par sa seule existence la profusion de ces expériences ainsi que la présence d'un lectorat en quête d'inspiration. L'émergence d'un secteur entier de coachs en transition professionnelle confirme l'importance de cette tendance.

---

[135] https://lesdeviations.fr/

À titre d'exemple parmi des centaines, on peut citer le témoignage recueilli par *La Tribune* en 2017 (avant même la pandémie) d'un cadre dans la communication devenu facteur : « Paul a ainsi divisé son salaire par deux mais contrebalance : "J'ai multiplié par deux ma sérénité et ma qualité de vie cependant. [...] Aujourd'hui, je me sens plus valorisé alors que mon métier est moins valorisant qu'avant. Mais je me sens utile, au cœur de la production. Je n'ai plus cette tristesse du dimanche soir avant la reprise de la semaine. Je suis serein et cela vaut le manque à gagner du salaire." [...] En parallèle, le trentenaire s'investit dans le monde associatif, "ce qui est en accord avec mes besoins et essentiel à mon équilibre", estime-t-il, y retrouvant une dynamique intellectuelle[136]. »

Ces parcours en équerre sont souvent l'apanage de la génération Y, née dans les années 1980 marquées par le matérialisme et la consommation, dont ils reviennent quelques décennies plus tard, avec des valeurs plus ancrées dans les problématiques du nouveau millénaire. En revanche, la génération suivante, dite « Z », née dans les années 1995 et 2000, semble bien décidée à faire ces choix d'emblée, sans même essayer d'intégrer des postes « traditionnels » : « 78 % des 18-24 ans interrogés par la société d'études YouGov pour le site Monster en septembre 2021 n'accepteraient pas un emploi qui n'a pas de sens pour eux. C'est une préoccupation croissante des jeunes de trouver, dans leur travail, une mission qui réponde aux problèmes sociétaux, remarque Julien Fanon, directeur exécutif talents et organisation du groupe de conseil Accenture. En phase de recrutement, ils

[136] www.latribune.fr/entreprises-finance/au-travail-ce-qui-est-prioritaire-c-est-le-sens-et-non-plus-l-argent-et-la-securite-753773.html

nous questionnent sur l'impact social ou environnemental des missions[137] [...] ». La récente et très médiatisée prise de parole des étudiants d'AgroParisTech, dénonçant « une formation qui pousse globalement à participer aux ravages économiques et sociaux en cours » et « l'agro-industrie [qui] mène une guerre au vivant et à la paysannerie partout sur terre », appelant leurs camarades de promotion à bifurquer immédiatement après leur diplôme, en est un autre signe tangible et radical[138].

Travailler n'est désormais plus synonyme de gagner sa vie, même confortablement, mais d'y donner un sens, de contribuer chaque jour par des actes à l'évolution d'un environnement sociétal d'une ampleur qui nous dépasse et nous intègre, en toute conscience.

La flexibilité

Autre signe du temps : l'exigence de flexibilité. Contrairement aux baby-boomers, et même à l'immense majorité des Français jusqu'au début des années 2000, pour qui le Graal était le CDI (contrat à durée indéterminée), les jeunes actifs veulent de la flexibilité. Ils préfèrent travailler sur des périodes courtes et démissionnent plus facilement. Celles-ci ont en effet augmenté de 22 % au deuxième trimestre 2021, sans doute avec un effet loupe postpandémie : « On a de plus en plus de salariés, intérimaires ou permanents, qui passent à autre chose, et des entreprises clientes

[137] www.lemonde.fr/economie/article/2022/01/23/quete-de-sens-immediatete-mobilite-accrue-le-rapport-des-jeunes-au-travail-une-revolution-silencieuse_6110648_3234.html

[138] www.slate.fr/story/227650/etudiants-agroparistech-appel-deserter-discours-agro-alimentaire-industrie-ecologie

qui nous appellent en urgence pour trouver un comptable par exemple, car leur salarié est soudainement parti pour changer de métier. Quand il y en a un qui me dit qu'il veut prendre les chemins de Compostelle, je m'inquiète », témoigne Roland Gomez, le directeur général du groupe d'intérim Proman[139]. Les nouveaux travailleurs veulent aussi pouvoir moduler leurs horaires, gérer leur temps, ne pas dépendre de contraintes physiques : « Je préfère le management par les objectifs au management à l'horaire. Je m'organise et je mène mes missions avec une flexibilité sur les horaires, avec du télétravail[140]. »

On sent à travers tous ces phénomènes une volonté de rester maître de son temps, de ses choix, de sa vie. En plus du besoin impérieux d'avoir un métier qui fait sens, dans une société où les incertitudes se multiplient – écologiques, économiques, sociales, géopolitiques –, le temps personnel prend une place centrale : selon l'étude du *Monde*, un étudiant sur deux souhaite avoir des horaires plus flexibles dans son futur travail pour pouvoir consacrer plus de temps à ses proches[141]. La famille, les amis, le temps pour soi prennent un caractère essentiel face à la vie d'une entreprise somme toute dépendante d'un marché mondial sur lequel on n'a aucune prise. Les lendemains qui chantent ou la perspective d'une douce retraite récompensant une dure vie de labeur n'ont plus cours. Les jeunes générations veulent vivre et agir au présent.

---

[139] www.lemonde.fr/economie/article/2022/01/23/quete-de-sens-immediatete-mobilite-accrue-le-rapport-des-jeunes-au-travail-une-revolution-silencieuse_6110648_3234.html

[140] *Ibid.*

[141] *Ibid.*

Ce rapport au présent et cette désolidarisation de l'entreprise font émerger une posture individualiste, au sein d'une génération pourtant tout à fait consciente et engagée face aux grands enjeux mondiaux. Ce qui peut apparaître à première vue comme un paradoxe est en réalité un nouveau rapport du singulier au collectif, caractéristique d'une nouvelle socialité.

Autonomie et individualisme

En effet, l'implication sociétale ne se traduit plus aujourd'hui nécessairement par l'intégration d'une entreprise mais plutôt par des engagements individuels : citoyens, professionnels, associatifs, militants, artistiques... Et parmi les conséquences de ce désir d'autonomie, on constate notamment un fort impact sur la vision de la hiérarchie, jusqu'ici structurante dans le monde professionnel.

Outre la flexibilité, le travail à distance, la gestion de ses projets et ses horaires, les jeunes travailleurs veulent compter dans leur travail, être associés aux décisions, être entendus. Ce besoin individuel est le pendant d'une responsabilité collective dont les nouvelles générations sont fortement pourvues face aux défis actuels : « Les jeunes n'ont plus confiance dans le collectif pour faire avancer la cause et se réfugient dans l'action individuelle[142] », expliquent Frédéric Dabi, directeur général Opinion de l'institut Ifop, et Stewart Chau, responsable des études politiques et sociétales de l'institut Viavoice, coauteurs de *La Fracture*, ouvrage issu d'une vaste enquête sur la jeunesse d'aujourd'hui. Le collectif ici désigne les institutions,

[142] www.tf1.fr/tmc/quotidien-avec-yann-barthes/videos/invites-dans-la-tete-de-la-jeunesse-francaise-avec-frederic-dabi-et-stewart-chau-39303007.html

les représentations classiques du pouvoir politique et économique. La rupture de confiance implique la construction de forts points de vue individuels qui comptent bien se faire entendre, et ce dans tous les domaines, à rebours des anciens privilèges, devenus caduques, de l'âge ou de la supériorité hiérarchique.

L'existence de ces voix autonomes est également renforcée par les nouveaux moyens virtuels d'échanger, de fabriquer d'autres types de collectifs – réseaux sociaux, mode distanciel, tchats, etc. –, en d'autres termes de choisir sa ou ses communautés, de s'impliquer avec justesse là où l'on se retrouve le plus en accord avec ses convictions. Il ne s'agit donc pas d'un individualisme forcené, isolé et réfractaire, mais plutôt d'une revendication de faire entendre sa voix par-delà une représentativité écornée par des déceptions. Il y a donc là encore une forme de paradoxe, entre une forte demande d'autonomie et d'individualité, mêlée d'une attraction tout aussi forte pour le groupe, mais un groupe librement choisi : « Les deux valeurs qui font que je me sens bien, c'est l'autonomie et le sens du collectif », témoigne Charles David, 26 ans, consultant chez Enza Conseil[143].

La digitalisation

Le digital a naturellement fortement influencé (peut-être même en partie forgé ?) cette tendance, en permettant une impressionnante multiplication de ces communautés et échanges virtuels, avec des effets leviers jusqu'alors insoupçonnés – comme on l'a vu lors des Printemps arabes,

[143] www.lemonde.fr/economie/article/2022/01/23/quete-de-sens-immediatete-mobilite-accrue-le-rapport-des-jeunes-au-travail-une-revolution-silencieuse_6110648_3234.html

ou encore du mouvement #MeToo, initiés sur les réseaux sociaux.

Au travail comme dans la vie personnelle, l'usage des nouvelles technologies de la communication a des impacts profonds que l'on commence tout juste à distinguer, mais dont on sait qu'ils impliquent une transformation profonde des interactions, donc des modes de collaborer, d'échanger des idées, des données, de s'organiser, de se rencontrer. Comme le rappelle l'économiste Benoît Meyronin, citant d'autres travaux : « La génération Y a été socialisée dans un monde digital. C'est bien plus marquant qu'un simple environnement technique [...]. Les *digital natives* sont nés moins dans une société équipée des dernières technologies numériques que dans une société dont les pratiques et représentations individuelles et collectives ont été transformées par l'ensemble des usages des technologies numériques. En ce sens, c'est de culture et non de technologie qu'il s'agit[144]. »

Dans un autre article du même dossier, les auteurs proposent l'idée que la transformation digitale a provoqué « une évolution qui pourrait s'apparenter à l'apparition de l'écriture ». De la même manière que celle-ci « a en son temps créé une rupture sans précédent [en permettant] d'entretenir et de faire vivre la mémoire du passé [...] le digital forme un processus de transformation installé dans la durée et provoque une remise en cause profonde de notre compréhension du monde et de ses mécanismes. Si celle-ci touche chaque être humain, l'entreprise est aussi impactée en profondeur dans ses fondamentaux du

[144] www.cairn.info/revue-l-expansion-management-review-2014-2-page-12.htm

XXe siècle » tels que l'unité de temps, de lieu et de management pyramidal[145].

La digitalisation, c'est aussi une révolution des savoirs, du rapport à la connaissance, comme l'expliquait Emmanuelle Duez, fondatrice du Boson Project et de WoMen'Up lors de la 4e édition du Positive Economy Forum au Havre, en parlant de la génération Y comme la « première génération omnisciente », avec une « externalisation de notre cerveau dans nos poches de jeans, [...] le savoir à portée de clic, [...] : ce "207e os" dont parle l'amiral Lajous ou cette présomption de compétence dont parle Michel Serres change le rapport à l'autorité, au père, au statuaire, à la hiérarchie et donc à l'entreprise »[146].

« Remettre l'entreprise dans le cœur de l'homme »

En caricaturant un peu, la conclusion de ces quatre grandes tendances pourrait tenir dans celle d'un des articles cités : « Pour les étudiants de la génération Y, l'avenir ouvre un vaste champ des possibles qui demeure encore aujourd'hui à inventer. [...] Le plaisir en tout cas devra être une composante clé de l'entreprise de 2020[147]. » En effet, travailler en donnant un sens à sa vie, avec un planning souple pour garder du temps avec ses proches, en autonomie et responsabilité, avec toutes les potentialités offertes par le digital, peut résumer un acronyme cher aux ressources humaines : « La QVT, principal levier d'engagement, ne se résume plus

[145] www.cairn.info/revue-l-expansion-management-review-2014-2-page-120.htm

[146] www.youtube.com/watch?v=gkdvEg1kwnY

[147] www.cairn.info/revue-l-expansion-management-review-2014-2-page-120.htm

à la Qualité de Vie AU travail – traitant l'environnement et les bonnes conditions d'exercice –, mais DANS le travail, renouant avec la question du sens et de l'accomplissement. Elle va même devenir la Qualité de Vie tout court, car nous n'avons qu'une vie, faite de multiples activités. Il s'agit d'apprivoiser la distance et de redécouvrir la proximité. Il faut aujourd'hui innover non plus pour "remettre l'homme au cœur de l'entreprise", mais bien "remettre l'entreprise dans le cœur de l'homme[148]" ! »

Attelons-nous donc désormais à remettre les établissements de santé « dans le cœur » des soignants...

Intégrer ces changements au secteur de la santé

Ces grandes tendances sont évidemment des généralités. Elles ne concernent pas tous les professionnels et ne peuvent s'appliquer à tous les secteurs. Essayons néanmoins de repenser le secteur de la santé, et notamment les professions paramédicales, à l'aune de ces lignes de rupture, et d'ébaucher ainsi une transformation profonde de ce domaine pour y insuffler un nouvel élan.

Cultiver l'engagement

Notons d'abord que les métiers de soignants, malgré leurs difficultés actuelles, continuent d'attirer et de susciter des vocations, et que ceux qui les pratiquent revendiquent encore leur goût prononcé pour leur métier, voire un véritable engagement. Le plus souvent, ceux qui l'abandonnent ne remettent pas cela en question, mais cèdent seulement face à des conditions d'exercice trop rudes. La notion

[148] www.rhinfo.adp.com/rhinfo/2016/7-tendances-pour-une-mutation/

d'engagement pour l'intérêt général, y compris l'attirance naturelle pour le service public, ses valeurs, sa signification profonde, restent de vrais pôles d'attraction intellectuels et vocationnels. Il faut donc cultiver cet engagement existant – et non le réinventer.

Le cultiver passe, à mon avis, d'abord par une revalorisation profonde de ces métiers : les soignants, et paramédicaux en particulier, ne doivent plus être considérés comme des employés ou de la main-d'œuvre, même qualifiée, mais comme de véritables *talents*, et être traités comme tels. Ils doivent être reconnus à la hauteur de leur tâche, et de leur importance au sein de la société. C'est le rôle des directions et institutions de tutelle de les valoriser comme ils le méritent, de véhiculer l'importance et le sens de leurs métiers, de clarifier leur mission, de leur donner la reconnaissance adaptée par tous les moyens dont elles disposent.

Aménager l'organisation hiérarchique et structurelle

L'organisation de la santé en France est relativement complexe, pyramidale et rigide – soit en complète inadéquation avec les attentes émergentes des professionnels. Il me paraît indispensable de fluidifier les rapports sociaux et hiérarchiques, de les réhumaniser en y intégrant autonomie, responsabilité et bienveillance. Il faut repenser ces rapports en *rapprochant* les collaborateurs. On peut être un supérieur hiérarchique et garder toute son autorité sans rester isolé de son personnel. Le mythe de la tour d'ivoire ne paie plus, il est même devenu contre-productif. Il faut établir des liens directs avec les personnes que l'on dirige, repenser les rapports professionnels en prenant en compte ces nouvelles attentes – autonomie, responsabilité, écoute, bienveillance, échange, sens de la mission, implication dans la structure. Il est urgent de passer « d'une structure hiérarchisée très verticale à une structure plus flexible. Le contrat social était garanti par une autorité supérieure ; il est aujourd'hui construit plus horizontalement, sur des règles partagées[149] ».

Les outils digitaux peuvent aider en ce sens, en libérant le temps alloué à certaines tâches automatisables, pour le réaffecter à d'autres, devenues primordiales, qui consistent par exemple à créer des relations de confiance – temps de sociabilisation, d'échange entre pairs, de supervision, de team building… La plupart de ces tâches automatisables étant administratives, on peut même imaginer, dans le domaine particulier de la santé, tenter de rapprocher les deux chaînes structurelles des établissements, parallèles et complémentaires, la structure administrative et celle dédiée au soin. Des relations plus fluides entre ces deux organisations consacrées au même but seraient incroyablement bénéfiques à l'ensemble de la structure, aux personnels rapprochés et au fonctionnement global des établissements.

Promouvoir et soutenir le collectif

Le collectif est central dans la santé. C'est un secteur traditionnellement soudé, basé sur le travail en équipe, avec un fort soutien entre ses membres qui entretiennent des liens étroits, presque familiaux. C'est un noyau du fonctionnement de l'hôpital, un socle pour sa structure, un cadre et une protection pour les professionnels face à leur quotidien parfois difficile.

[149] www.rhinfo.adp.com/rhinfo/2016/7-tendances-pour-une-mutation/

Ce collectif traditionnel appelle aujourd'hui à être en quelque sorte « augmenté » par les nouvelles formes de socialité. Ainsi, de même qu'un nouveau contrat social émerge, de nouvelles formes de collaboration sont attendues qui le restructurent de façon horizontale. Il faut soutenir et renforcer ces collectifs existants, tout en préservant les nouvelles attentes de marges de manœuvre et expressions individuelles. Cela passe par exemple par l'établissement d'une communication fluide et connectée entre les membres[150] (à commencer par de simples adresses e-mails professionnelles), qui permet à chacun de s'exprimer, et au collectif de construire une pensée ensemble, d'échanger des retours d'expérience, de s'enrichir mutuellement. Ce besoin de faire communauté est réel, nous l'avons constaté lors de la création du groupe Facebook « Hublo Community », qui a été rejoint en quelques semaines par plusieurs dizaines de milliers de soignants, et immédiatement pris en main de façon spontanée et constructive, par tous ses utilisateurs.

Encourager et cadrer la polyvalence et la mobilité interne

À l'instar de l'ensemble des jeunes actifs, de nombreux soignants souhaitent évoluer dans leur pratique, développer de nouvelles compétences, varier leur domaine d'action. Il faut adapter le système pour répondre à ce désir de diversité et de mobilité, tout en évitant les écueils de l'instabilité et du dilettantisme. Il faut organiser une flexibilité raisonnée et soutenir la mobilité tant qu'elle est choisie par le soignant et adaptée à la structure. Je suis convaincu que

[150] Nous reviendrons en détail sur la communication au chapitre 7.

cela contribuera à améliorer aussi bien la qualité de vie au travail des soignants, que celle des soins et l'attractivité de l'établissement.

Des outils de plusieurs sortes peuvent aider à mettre en place ce changement de politique. Des outils de réflexion et de communication d'abord sont nécessaires pour établir, en impliquant le plus de personnel possible, le cadre de ces mobilités et le diffuser ensuite avec transparence – charte de mobilité, fiches de postes, entretiens annuels... Des solutions numériques peuvent aider ensuite à visualiser les besoins et les souhaits de mobilité afin de les mettre en correspondance, guidés par un souci d'équité. Des initiatives strictement RH peuvent également être mobilisées, comme des stages de découverte et d'immersion, des formations et des accompagnements, la création de postes partagés ou de pools de remplacement[151].

Redessiner les espaces

Un autre aspect récent du monde du travail qui est à mon avis tout sauf négligeable est l'importance du soin apporté au lieu de travail, et à plus forte raison d'un établissement de santé qui reçoit aussi des patients. Je crois profondément qu'un lieu de travail, quel qu'il soit, doit être avant tout un *lieu d'accueil*, c'est-à-dire confortable, lumineux, beau, inspirant, épanouissant – pas seulement opérationnel ou productif. Pour caricaturer, dans le domaine qui nous concerne, il faudrait pouvoir investir autant dans une salle de repos pour les soignants que dans une salle de

[151] Les détails de ces propositions sont disponibles dans le livre blanc de la mobilité horizontale des personnels paramédicaux à l'hôpital, https://hublo.com/fr/resources

réanimation. L'émergence du télétravail et des tiers-lieux ont montré l'importance de l'environnement de travail, de façon presque équivalente à celui du cadre de vie. En effet, la généralisation massive du télétravail pour les métiers du tertiaire a créé de nouvelles attentes. Si un infirmier ou un aide-soignant semblent privés, par la nature même de leurs métiers, du mode distanciel, ils seront encore plus sensibles à retrouver sur leur lieu de travail, dans leur établissement, du confort, des équipements de qualité et un cadre inspirant. Si d'autres peuvent y accéder en télétravaillant depuis un lieu qu'ils ont choisi, pourquoi pas les soignants ? Dans un monde saturé de visuels, de graphisme, d'ergonomie et de confort, les établissements de santé, qui apparaissent parfois en contraste comme démodés, voire vétustes, ont encore beaucoup à faire sur ce point.

(Oser) communiquer sur la « marque employeur »

Enfin, un point polémique s'il en est mais là encore crucial à mes yeux : la question de la « marque employeur ». Elle doit être pensée et communiquée à plusieurs niveaux : celui de la santé en général pour inspirer les étudiants à devenir soignants, celui de l'hôpital public (pour les structures publiques), et enfin celui de chaque établissement de santé afin de mettre en avant ses atouts, ses particularités et ses valeurs propres.

Polémique bien sûr, car ce terme est bien trop marketing pour un secteur aussi incontournable que la santé, un service aussi vital que l'hôpital... Et pourtant, c'est une évidence, un passage obligé. Alors qu'il est devenu vital d'oser la visibilité, d'appeler à l'inspiration, il est indispensable de doter le secteur de la santé de sites web attractifs, de vidéos didactiques pour présenter les métiers, des témoignages. Il est urgent de travailler le recrutement et l'accueil des talents dans un principe de séduction, et non d'appel à la débrouillardise. L'attractivité d'une entreprise aujourd'hui, tous secteurs confondus, est indissociablement liée à la notion de « marque employeur », et la capacité de l'entreprise de la communiquer. Et bien entendu, ce qui a été montré, promis, « marketé » doit correspondre à la réalité une fois l'établissement rejoint, et se manifester à chaque niveau de la pratique professionnelle – sous peine de voler en éclats pour avoir trompé les professionnels, et avoir au final l'effet inverse à celui escompté.

Moderniser pour attirer : l'hôpital doit-il s'inspirer de la start-up ?

De même que la loi PACTE[152] de 2019 a formalisé le statut des entreprises « à mission », insufflant dans le business le principe de la raison d'être, le secteur public, y compris la santé, devrait pouvoir s'inspirer du monde de l'entreprise, et pourquoi pas de sa forme la plus récente, la start-up. Pour rester dans la course d'un monde qui avance à grands pas, et dans des directions parfois inattendues, on n'a d'autre choix que de décloisonner et regarder ce qui se passe ailleurs.

C'est précisément ce qu'a fait Floriane Bordelais, une élève directrice d'hôpital venue en stage chez Hublo pendant deux mois. Pétrie de service public, elle a observé d'un œil curieux et critique notre fonctionnement, nos pratiques managériales et professionnelles, et elle en a conçu des idées originales, issues de ce croisement de terrains et

[152] www.economie.gouv.fr/plan-entreprises-pacte

de lectures. Dans son retour d'expérience[153], elle reconnaît d'abord avoir « trouvé en la start-up une organisation en accord avec les aspirations sociétales autour du travail. Ces dernières ont été notamment mises en exergue par le sociologue Michel Maffesoli, lors du Spring Campus organisé par CroissancePlus en 2014. Selon lui, pour entreprendre avec succès, il faut sortir des valeurs traditionnelles pour intégrer une dimension postmoderne. L'"individualisme" doit être remplacé par le "vivre ensemble", la "valeur travail" par la "création", le "rationalisme" par l'"importance accordée au corps", l'"utilitarisme" par l'"esthétisation de l'existence", et un "regard tourné uniquement vers le futur" par une "concentration sur le présent" ».

Après une étude précise et concise des grandes caractéristiques de notre modèle, elle en conclut que « cette rencontre entre l'hôpital et la start-up permet des réussites compatibles avec une mission d'intérêt général. Il conviendrait ainsi de dépasser le clivage identitaire opposant l'ancien et le nouveau monde, l'immobile et le mobile, le conservateur et le novateur, pour inscrire start-up et hôpital dans une complémentarité d'action en direction des usagers et de ceux qui portent tous les jours la santé publique. [...] Ainsi, les start-up constituent un levier d'attractivité pour les organisations traditionnelles en leur permettant d'acquérir un "capital-savoir" qu'elles ne pourraient pas développer seules par manque de temps ou de professionnels spécialisés. Plusieurs CHU ont d'ailleurs commencé à créer des espaces de travail pour les entreprises innovantes au sein de leur parc immobilier. Un rapprochement entre ces

[153] www.linkedin.com/pulse/journal-de-bord-dune-%C3%A9l%C3%A8ve-directrice-dh%C3%B4pital-jai-une-bordelais/

deux structures diamétralement opposées est en cours». C'est d'ailleurs l'une des missions que s'est donné le Fonds Recherche & Innovation de la FHF (fédération hospitalière de France), qui œuvre pour infuser la démarche d'innovation au sein des hôpitaux, notamment en faisant de la pédagogie pour aider au rapprochement de ces deux univers, comme avec son guide Hospi'Up[154], conçu pour «mieux se connaître, se comprendre et travailler ensemble».

Nous ne prônons pas nécessairement ce rapprochement en tant que tel, bien qu'il soit prometteur de grandes avancées potentielles, mais surtout l'idée qu'il est urgent de s'ouvrir, de créer des passerelles, de s'inspirer de l'ailleurs, des grands changements en cours. Parce que la santé est un point clé de notre survie et de notre système, il faut la faire évoluer, s'adapter aux grandes mutations du monde qui nous entoure. La santé, elle aussi, doit changer de siècle.

---

[154] www.hospiup.fr/

CHAPITRE 6 : Stabiliser le modèle RH de la santé

Au cours des dernières années, une grave pénurie de soignants s'est progressivement installée en France, jusqu'à devenir un état continu. Les établissements de santé fonctionnent en sous-effectif de façon chronique. Des lits ferment, jusqu'à des services entiers – des urgences, des maternités. Dans les départements ruraux d'Occitanie, les pompiers sont désormais formés à accompagner un accouchement, les distances étant devenues parfois trop longues jusqu'au service adéquat[155]. En mai dernier, les urgences du CHU de Bordeaux ont dû fermer leurs portes la nuit, faute de personnel, accueillant uniquement les cas graves[156]. La situation est de plus en plus critique. Et si elle varie selon les régions, la tendance est la même partout. En 2021, les

[155] https://france3-regions.francetvinfo.fr/occitanie/fermeture-des-maternites-les-pompiers-desormais-autorises-aux-actes-de-soins-d-urgence-et-formes-a-l-accouchement-2533624.html

[156] www.ouest-france.fr/nouvelle-aquitaine/bordeaux-33000/les-urgences-du-chu-de-bordeaux-vont-fermer-la-nuit-faute-de-soignants-7773701

établissements de santé de 12 départements français fonctionnaient avec moins de 50 infirmiers salariés hospitaliers pour 10 000 habitants, moins de 20 en Haute-Corse, à Mayotte et dans la Creuse, avec des chiffres encore plus bas pour les médecins[157]. Et cette situation est un cercle vicieux. Une enquête menée à l'AP-HP[158] a montré que les plus jeunes quittent l'hôpital parce qu'ils n'y trouvent pas leur compte en termes d'ambiance et de charge de travail, les plus expérimentés parce qu'ils cherchent un meilleur équilibre avec leur vie personnelle. Le départ des uns, alourdissant ponctuellement la charge de travail de ceux qui restent, entraîne d'autres départs, empirant encore la situation.

Il y a plusieurs niveaux d'actions pour sortir de cette situation dramatique. En parallèle d'un travail de fond sur l'attractivité du métier, et des réflexions actuelles sur la refonte de l'hôpital et sa gouvernance, il y a un premier pas à faire dans l'immédiat : il faut juguler l'hémorragie RH en commençant par briser le cercle vicieux de la désorganisation de la répartition de la charge de travail par un mode de gestion rationnel.

Sortir de la gestion de crise

Rappelons rapidement le paysage RH des paramédicaux en France. La grande majorité sont soit fonctionnaires dans la fonction publique hospitalière, territoriale ou d'État, soit salariés, en CDI ou en CDD (contrat à durée déterminée), dans le secteur privé. Il existe également des soignants

[157] www.lesechos.fr/politique-societe/societe/hopital-4-graphiques-pour-comprendre-la-penurie-de-soignants-1411477

[158] Citée par Martin Hirsch www.lesechos.fr/economie-france/social/hopital-le-temps-de-la-refondation-1404467

indépendants, libéraux, qui travaillent à leur compte. Enfin, les établissements de soins, notamment dans le contexte de pénurie que nous avons décrit, font régulièrement appel à des agences d'intérim, pour combler les absences en urgence.

Le recours aux agences, et surtout sa fréquence, est vivement critiqué. Historiquement d'abord, le fonctionnement de l'intérim était décrié car aux antipodes de l'idéal de stabilité et de sécurité que revêtaient jusque-là les statuts de fonctionnaire et dans une moindre mesure de salarié. En outre, il est coûteux pour les établissements – du « mercenariat » selon les mots d'Olivier Véran en octobre 2021[159] – qui dépensent beaucoup plus d'argent à combler leur manque de personnel dans l'urgence qu'à mettre en place des politiques de long terme. Ce surcoût interne implique un profond déséquilibre des enjeux entre gestion des coûts et recrutement de soignants, sans compter les écarts de rémunération et de contraintes entre les personnels internes et les intérims, parfois jusqu'à l'absurde. Martin Hirsch, ancien directeur général de l'AP-HP, pointe l'intérim comme la « démonstration de l'inadaptation du cadre » : « quand on préfère commencer sa carrière par l'intérim et qu'après quelques années d'intérim intégrer la carrière hospitalière [divise] le salaire par deux avec des contraintes en plus[160] ».

Ce recours à l'intérim est caractéristique de la gestion de crise. Lorsque du personnel manque, les cadres n'ont

[159] https://solidarites-sante.gouv.fr/IMG/pdf/211021_-_cp_-_controle_de_l_interim_medical_-_olivier_veran_annonce_le_calendrier_de_mise_en_oeuvre_de_la_reforme.pdf

[160] www.lesechos.fr/economie-france/social/hopital-le-temps-de-la-refondation-1404467

souvent que deux possibilités : téléphoner en catastrophe à leur personnel habituel pour les faire revenir en dehors de leur planning, quitte à interrompre leur repos, leurs congés, ou faire appel à des agences d'intérim, avec du personnel plus cher et pas forcément connu. Ce mode de gestion dans l'urgence, dans l'émotion, et avec les moyens du bord, est chronophage, énergivore, onéreux et au final contre-productif. Les cadres perdent beaucoup de temps, ont tendance à faire appel toujours aux mêmes personnels, plus joignables ou plus susceptibles de revenir travailler. Du côté des professionnels, ce sont donc souvent les mêmes qui reviennent, dont la fatigue s'accumule, et tout cela a bien évidemment une incidence néfaste sur le rapport au travail, la santé des paramédicaux, et la qualité des soins. Le premier pas est donc la nécessité urgente et absolue de sortir de cette gestion par à-coups, de ce bricolage devenu structurel.

Rationaliser les mobilités pour anticiper les sous-effectifs

Une fois la situation connue, les problèmes et les enjeux posés, il faut rationaliser la réponse à cette situation de crise. Je suis convaincu que la meilleure façon de répondre à l'urgence est de prendre le temps de l'anticiper. Pour pallier le problème de l'absentéisme, il faut faire correspondre les besoins et les désirs, grâce à une analyse quantitative et qualitative conçue en amont. Et ce sont des choses que la technologie sait faire – et même mieux que l'humain.

Face à l'urgence d'un personnel manquant, l'humain décroche son téléphone et appelle un par un des professionnels qu'il connaît bien, dont il sait qu'ils vont sûrement répondre, qu'ils vont peut-être accepter, interrompant une période de repos. Reproduit régulièrement, ce modèle est *créateur d'instabilité*, il est profondément désorganisant. Alors que des plannings sont conçus justement pour alterner des périodes de travail et de repos, on perturbe cet équilibre avec des sollicitations intrusives, et l'on joue, sans forcément le vouloir, sur l'émotionnel ou l'appât du gain pour faire revenir des personnes au repos. On modifie par là insidieusement le rapport au travail, et on dégrade la relation entre le manager, qui n'a pas d'autre solution que d'appeler à l'aide, et le « managé », qui n'ose parfois pas dire non. Et si rien ne marche, on fait appel à une agence d'intérim, au détriment du coût pour l'établissement et de la stabilité des relations professionnelles.

Il est pourtant possible d'anticiper et de rationaliser cette gestion des absences et des postes vacants, à l'aide de solutions digitales, et nous l'avons démontré chez Hublo. En cas d'absence, une base de données de professionnels préexiste, des professionnels *connus*, de confiance, déjà en contrat avec l'établissement, qu'ils soient en CDI ou régulièrement embauchés en CDD (communément appelé « vacataires »). Ces professionnels ont déjà renseigné leurs disponibilités et leurs désirs de mobilité. En cas de besoin, l'outil peut envoyer *en même temps* une notification à tous les professionnels *qui se sont eux-mêmes déclarés volontaires pour remplacer* et qui ont les compétences requises. L'objectif est que la mission trouve preneur dans le délai le plus court et avec le professionnel le plus apte à s'en charger, *via* une communication la plus efficiente mais aussi la plus équitable possible. L'outil ne *notifie pas* ceux qui sont indisponibles, mais uniquement ceux qui ont délibérément indiqué qu'ils étaient disponibles et volontaires pour travailler.

Ces données relatives aux besoins des établissements et aux désirs des professionnels peuvent être gérées par l'humain – elles l'étaient jusque-là. Mais, c'est un fait, la technologie est aujourd'hui suffisamment développée pour les prendre en charge, et de façon optimale par rapport à une gestion humaine. Elle permet de communiquer avec plusieurs personnes à la fois de façon instantanée, et donc de façon plus sûre et plus équitable. La répétition de ces situations d'urgence rend plus prégnante son besoin d'automatisation, permettant aux managers d'équipe de gagner un temps considérable et de se recentrer sur leur cœur de métier. En outre, l'utilisation d'une solution numérique pour faciliter ce processus permet également de générer et suivre des données d'utilisation, de les analyser et donc d'identifier des problématiques qui seraient plus prégnantes dans tel ou tel service de soins, sur telle ou telle spécialité, et donc d'agir pour trouver des solutions pérennes. On peut par exemple identifier que le pourcentage de missions de remplacement non pourvues est généralement supérieur dans les services de gériatrie, qui peinent à attirer les professionnels, par rapport aux services plus techniques.

Redonner la main aux professionnels

Une solution comme celle-ci, au concept finalement relativement simple, a de multiples retombées positives. Elle permet d'abord à l'établissement de mobiliser un réseau de professionnels connus et de confiance. Du côté des professionnels, elle permet de décider de se rattacher à un seul, ou à quelques établissements en particulier, de se porter volontaire ou non, et surtout d'avoir la possibilité et le choix d'augmenter ou non son temps de travail dans son établissement de santé. Dans les deux cas, il s'agit de *fidéliser*, de tisser des liens durables entre les établissements et les professionnels. C'est un canal de communication établi, fonctionnel, et dédié aux missions ponctuelles, entièrement paramétrable au service des professionnels, des établissements et donc des patients.

Elle permet également de répondre à un désir grandissant des professionnels de flexibilité, de diversité, de mobilité[161], mais de façon cadrée, organisée, rationalisée, et donc protégée. Il devient possible de réaliser des remplacements dans un nouveau service, à la fois pour prêter main-forte mais aussi pour renforcer ses compétences, toujours de façon raisonnée, et maintenir ainsi un niveau de savoir-faire suffisant dans une ou deux spécialités. Les professionnels peuvent décider à tout moment de se rendre disponibles ou indisponibles selon leurs souhaits ou leurs contraintes personnelles. Ils peuvent également signaler leurs nouvelles compétences acquises, sous réserve de validation de l'établissement, pour que celles-ci soient plus facilement sollicitées lors de futures missions.

Enfin, le fait d'être contactés de façon plus efficace, plus équitable et moins intrusive améliore sensiblement la qualité de vie et de travail des professionnels : ils reprennent la main dans le même temps sur leur planning, sur l'évolution de leurs missions et sur leur temps personnel.

Du côté du cadre, le recrutement est plus efficace au sein d'un vivier plus disponible et donc plus réactif, recrutement

[161] Voir chapitre 5.

sur lequel il garde la main (ce n'est pas la technologie qui décide) mais avec un panel de réponses plus vaste et plus pertinent.

L'outil est au cœur du processus, mais il *reste* un outil, une aide, un support, aucun humain n'y est subordonné : ni le professionnel qui choisit ses disponibilités, ni le cadre à qui il revient de sélectionner la personne qui lui semble la plus adaptée. Il ne s'agit pas de mettre en relation directement par un algorithme un travailleur et un recruteur, mais d'adapter la communication aux besoins du premier, et de faciliter la visualisation, simplifier et optimiser la gestion pour le second. La plateforme n'a aucun rôle décisionnel, elle ne fait que rendre visible les besoins et les disponibilités, en toute *neutralité* – aucun système de notation n'est ici pertinent.

La meilleure preuve que nous ayons, montrant que les réticences sont généralement plus instinctives que raisonnées, est d'avoir conquis des publics parmi les plus prudents au départ. En effet, 2 500 établissements sanitaires et médico-sociaux et plus de 500 000 professionnels utilisent la solution Hublo, et les représentants du personnel en reconnaissent très souvent les bénéfices sur la qualité de vie au travail.

Renforcer le modèle du salariat

Ce type de rationalisation et d'aide à la gestion renforce le salariat. En privilégiant un réseau de professionnels embauchés, inscrits et connus, il minimise le recours à l'intérim. Ce dernier statut ne disparaît pas, qui reste providentiel en certaines occurrences, mais on redonne la priorité à l'ensemble du réseau de professionnels déjà liés à un établissement, par son exploration en amont et de façon *exhaustive*. Cela renforce les liens entre personnel et employeur, et limite les conséquences humaines et financières de l'intérim, qui redevient un recours exceptionnel.

Cette solution technologique intègre aussi des messages de rappel généraux et personnalisés des règles et temps de repos, et consolide ainsi les cadres de travail légaux. Si l'on intègre au système d'information le nombre d'heures déjà effectuées par les professionnels, par exemple, ou que l'on leur rappelle systématiquement lorsqu'ils candidatent à une mission la durée maximale hebdomadaire de travail et les règles de repos compensateur, on contribue à cadrer les remplacements et missions selon des critères légaux, à réguler le flux de professionnels, et à limiter les risques psychosociaux comme le surmenage. L'établissement peut lui aussi être informé par ce type d'outil des compteurs d'heures effectuées par chaque professionnel. Enfin, un rappel peut également être fait de la conformité avec la réglementation concernant le cumul d'activités, notamment entre l'emploi public et l'emploi privé.

Là encore, toutes ces tâches peuvent être accomplies par un manager, mais les déléguer à un outil compétent peut alléger sa charge de travail et lui permettre de se concentrer sur d'autres aspects de son travail, que la machine ne pourra pas prendre en charge. L'énergie gagnée en temps et en rationalisation peut être utilisée à développer plus d'écoute, plus de retours métier, plus d'accompagnement, en somme le rôle attendu d'un manager disponible et bienveillant dont les professionnels sont en grand besoin, en particulier dans un objectif de fidélisation, d'attractivité, en bref de stabilisation du modèle de relation professionnelle entre des soignants et leur(s) établissement(s).

Optimiser les coûts et temps dédiés à la gestion RH

Outiller les services de soins et les services RH des établissements de santé avec ce type de solution simplifie la tâche des managers pour la gestion des absences imprévues, en leur apportant efficacité, équité et justesse, permettant de faire gagner un temps considérable aux cadres de santé en particulier, dans la recherche au pied levé d'un remplaçant. Le temps consacré à la résolution des situations de crise est réduit et génère moins de stress. Les manques ne sont plus gérés dans l'urgence, sur un mode de crise, mais grâce à un système qui garde la tête froide, et qui a les connaissances nécessaires pour proposer des réponses à la demande de façon pertinente. Ce système permet aussi, nous l'avons vu, de limiter au strict nécessaire le recours à des agences externes, notamment l'intérim, en priorisant la recherche en interne, privilégiant les volontaires de confiance au sein de l'établissement.

En revanche, un outil n'est qu'une interface. Il appartient ensuite aux « humains » de décider qui prendra en charge la mission : le candidat d'un côté, le cadre de l'autre. Il relève également de la responsabilité de l'établissement de s'assurer que les contraintes légales à l'embauche d'une personne sont bien respectées, afin de garantir la qualité des soins et la sécurité des patients. Ce n'est qu'une fois embauchée que la personne a accès à cet outil professionnel, outil qui ne peut en aucune façon être responsable du recrutement, de la protection sociale ou d'autres aspects juridiques de la relation employeur-employé. C'est un facilitateur, mais il ne remplace pas le recruteur. Il offre un moyen facile, intuitif et efficace de rationaliser les besoins, et de répondre aux situations de crise avec la neutralité et le sang-froid qui caractérisent la technologie – en comparaison d'une gestion sous le coup de l'émotion créée par l'urgence. En outre, un système d'information peut proposer de faire correspondre les besoins aux désirs dans la limite des données auxquelles il a accès.

Je suis profondément convaincu qu'un « simple » – en apparence – outil de gestion peut aider à fluidifier la situation de crise que vivent aujourd'hui les RH en milieu soignant en France, et, sans renverser la tendance par lui-même, apaiser une partie des tensions en stabilisant les flux de personnel au sein des établissements.

De même qu'en d'autres temps, on a mis en place dans les établissements de santé des logiciels de gestion de la paie, de gestion de la comptabilité ou de planning, et que l'on n'envisagerait pas aujourd'hui de revenir à une gestion entièrement manuelle des métiers associés, je suis sûr que déléguer cette partie des remplacements et des mobilités du personnel paramédical soulagerait profondément le fonctionnement actuel des hôpitaux. La différence majeure néanmoins des nouvelles solutions digitales RH, pour qu'elles fonctionnent et soient adoptées, est qu'elles doivent être pensées avant tout pour les salariés, et non pas pour les gestionnaires ; c'est un changement de paradigme qui doit encore faire son chemin dans l'esprit des décideurs en santé et des acteurs du numérique.

En ce sens et dans ce cadre, une solution comme Hublo peut apporter, j'en suis convaincu, de la stabilité au système RH des établissements de santé. Il ne s'agit ici que d'un exemple. Beaucoup d'autres innovations et solutions numériques restent à inventer pour l'hôpital, laissant l'humain aux commandes, mais lui permettant de mieux recruter, mieux manager et mieux motiver ses équipes.

Libérer du temps de soin

Cette évolution de la gestion grâce à la technologie renforce le modèle économique et social existant – un fonctionnariat et un salariat stabilisés, des professionnels fidélisés – tout en répondant positivement à une évolution plus globale du monde du travail[162] qui consiste à déléguer les tâches automatisables pour se reconcentrer sur des cœurs de métier proprement humains. Ce type de gestion ne va remplacer personne mais peut en revanche contribuer à rendre du temps aux cadres pour leurs autres tâches, qui sont nombreuses, et qui ont tendance à passer au second plan derrière celles-ci, chronophages en l'absence d'automatisation.

En effet, le rôle du cadre de santé est essentiel. Il doit manager les personnels paramédicaux du service ou de l'unité, ce qui comporte aussi l'identification des besoins en formation du personnel, leur suivi et l'évaluation des résultats, l'accueil et l'organisation de l'encadrement des nouveaux personnels et des étudiants – nous avons déjà parlé et nous reparlerons de cette question de l'accueil, qui mériterait à mon sens que l'on y accorde beaucoup plus d'importance, en tant que point stratégique dans l'attractivité du personnel[163]. Le cadre a aussi un rôle de contrôle : contrôle

[162] Voir chapitres 4 et 5.

[163] Voir chapitres 5 et 9.

de la qualité, de la sécurité des soins et des activités paramédicales, des procédures, des protocoles, la réalisation d'audits, le suivi d'indicateurs. Il doit également faire une veille professionnelle sur l'évolution de la santé, des professions, des techniques et du matériel. Il est aussi en charge de communication et d'information – là aussi des tâches primordiales à revaloriser et développer[164] – avec une diffusion d'informations relatives aux soins et aux activités paramédicales, comme du conseil, de l'éducation ou de la formation clinique ou technique, auprès des familles, des patients et du personnel. Au niveau de l'organisation des soins, le cadre doit réaliser et communiquer le projet paramédical du service ou de l'unité en liaison avec l'équipe médicale, assurer la programmation hebdomadaire et journalière des activités du service ou de l'unité, faire le suivi et le bilan des activités du service ou de l'unité, enfin coordonner les prestations de maintenance et de logistique[165].

On imagine aisément lesquelles de ces tâches prennent le pas sur les autres. Et je crois sincèrement que la priorisation peut et doit être revue, en déléguant celles qui peuvent l'être pour réallouer du temps de communication, de formation, de suivi, de management d'équipe – éléments qui sont cruciaux pour la stabilisation d'un système RH, l'attractivité d'un établissement et d'un secteur en général.

Gagner du temps sur des tâches de planning, outre le fait de répartir la charge de travail sur une masse plus vaste et plus variée de personnel, soulageant ainsi chaque

---

[164] Voir chapitre 7.

[165] www.infirmiers.com/votre-carriere/cadre/la-place-et-le-role-du-cadre-de-sante-dans-lunite-de-soins.html

professionnel d'une partie de la charge physique ou mentale globale, permettrait de rebasculer du temps sur de l'écoute, du partage d'expérience, de l'accueil, et de remettre de l'*humain* dans la gestion du personnel hospitalier – ce dont ils ont grand besoin.

Numériser n'est pas remplacer

La révolution numérique de ces vingt dernières années a bousculé de nombreux secteurs professionnels et sociaux en profondeur. Par conséquent, elle a créé des peurs plus ou moins profondes, des résistances plus ou moins fortes. Et ces réactions sont parfaitement compréhensibles. C'est pourquoi il faut faire de gros efforts de pédagogie, d'explications, de transparence des mécanismes, des enjeux, des fonctionnements mêmes de ces outils qui ne sont pas nécessairement aussi complexes qu'ils n'en ont l'air. C'est entre autres l'un des sujets de ce livre.

Car lorsque l'on touche aux acquis sociaux, et en particulier dans des secteurs fragilisés, sensibles, comme la santé l'est depuis plusieurs années, l'on est vite la cible de caricatures. Les personnes dont la vie est en jeu sont parfois sur la défensive, et c'est bien naturel.

Cependant, lorsqu'un secteur est en crise, il faut trouver des solutions. Elles seront multiples et viendront de plusieurs sources. J'en propose une ici car j'y crois profondément et je souhaite en décrire les fonctions les plus précisément possibles pour faire comprendre dans quelle mesure elle peut aider, soulager, faire avancer. Elle n'est pas l'unique réponse, mais elle en est une. Et si elle n'est pas nécessairement parfaite, ce n'est pas une boîte de Pandore.

Je rappelle tout d'abord, encore et toujours, qu'elle ne *remplace* pas l'humain, on *délègue* seulement ce qui peut l'être à la machine et au virtuel – de la gestion de données, du fonctionnel, de la communication normalisée – tout en gardant le pouvoir de décision. Cette répartition a pour fonction de remettre ce qui est irremplaçable au cœur du temps de travail : le *relationnel* et la communication interne.

Les nouveaux professionnels, les jeunes qui arrivent sur le marché, ont l'habitude de ces échanges virtuels, peut-être plus que les générations précédentes, mais *tous* gardent le besoin de communication *physique*, directe dans l'exercice professionnel. Il en va de même pour nous tous. Un patient par exemple, à l'autre bout de la chaîne de soins, composera plus ou moins facilement avec des informations dispensées virtuellement pour les modalités d'un rendez-vous, d'une opération, d'un examen. Mais la rencontre physique avec un professionnel, pour échanger de vive voix sur son état de santé, le rassurer, lui donner des explications et des conseils pour une bonne hygiène de vie, le suivi d'un traitement, etc. est tout simplement *irremplaçable*.

L'utilisation d'une solution technologique n'implique donc pas nécessairement un changement de modèle. Ce n'est en tout cas pas la vision que je porte. Je défends en revanche l'idée qu'un outil peut constituer une aide efficace à la gestion du personnel et des plannings, qui constitue une crise dans la crise de l'hôpital aujourd'hui. Si la technologie rebute ou fait peur, il est impératif de se pencher sur ses objectifs et le fonctionnement précis de chaque outil – car chaque outil est différent – pour en distinguer les enjeux et les usages. On ne peut juger la technologie de façon globale comme on ne peut juger la radioactivité qui a permis à la fois d'immenses progrès en médecine, la génération d'énergie, et l'invention de la bombe atomique. Tout dépend du pouvoir que nous donnons à une puissance, de l'usage que nous en faisons.

Il ne s'agit pas ici de créer un intermédiaire mais un outil de gestion et de communication, qui va contribuer à améliorer la vie quotidienne des professionnels. En aucun cas il ne faut intégrer la notion de gain ou de commission au remplacement, ce qui en ferait une plateforme lucrative et déplacerait intégralement le modèle proposé ici. Personne ne doit y être subordonné. L'humain doit garder la décision, le contrôle sur la base de données et sur ses fonctionnalités. L'outil donne à voir, liste les possibilités et laisse l'humain décider. Il numérise des communications chronophages et intrusives pour l'ensemble des parties prenantes, et en ce sens, s'intègre au mouvement de modernisation et de digitalisation qui répond aux évolutions sociétales incluant celle du rapport au travail et les attentes des jeunes recrues[166]. Il ne s'agit donc pas de changer de modèle, mais au contraire de le renforcer et de le soutenir en y intégrant les évolutions positives du monde qui l'entoure.

[166] Voir chapitre 5.

CHAPITRE 7 :
Établir la communication avec les soignants

En 2022, à l'heure où j'écris ce livre, ce chapitre a quelque chose d'aberrant. Dans un monde saturé d'informations, où les canaux se démultiplient, où les plus anciens sont connectés, où l'on commence à parler de temps de déconnexion nécessaires – pour couper, souffler, se ressourcer – et où l'on réfléchit aux moyens de protéger les enfants d'une invasion de virtualité potentiellement trop précoce, dans ce monde-là, recommander d'établir la communication avec les soignants résonne de façon singulière, voire franchement décalée. Et pourtant, il a toute sa place dans mon discours aujourd'hui.

L'un des constats qui m'a d'abord interpellé, puis choqué, est le point de départ de ce développement : dans la majorité des cas, les soignants, et notamment les paramédicaux, n'ont *pas d'adresse e-mail professionnelle*[167] ou ne

[167] Dans un sondage réalisé auprès des utilisateurs Hublo en 2021, 65 % d'entre eux ont déclaré ne pas avoir d'adresse e-mail professionnelle, parmi 7 429 répondants.

l'utilisent pas[168]. À première lecture, cela peut paraître anodin et ma réaction pourrait même sembler déplacée. Moi qui évolue dans un monde à la pointe de la technologie, je ne pourrais concevoir l'idée que l'on travaille sans connexion, face à des professionnels qui font un métier fondamentalement physique, relationnel – et qui doit le rester. On n'imagine pas un patient envoyer un e-mail à un aide-soignant ou un infirmier pour lui demander de l'aide, un conseil, ou de venir à son chevet. Il ne s'agit donc pas d'un outil *a priori* essentiel à son fonctionnement quotidien. Son cœur de métier se passe aisément de connexion, si ce n'est celle du corps, de la parole, du regard. Leur digitalisation est littérale : relative au doigt, comme les veines ou les nerfs qui le parcourent et le vascularisent.

Et pourtant je persiste, et il ne s'agit pas là d'un choc de culture, ou d'une étroitesse de vision de ma part. Je pense sincèrement que cette absence *totale* de communication digitalisée chez les professionnels paramédicaux est un problème, avec de profondes répercussions, y compris au niveau systémique.

Les soignants sont exclus de la transformation digitale

C'est un fait que nous constatons chaque jour sur le terrain. Lorsque la majorité des soignants n'ont ni adresse e-mail ni outils digitaux professionnels, pour correspondre entre eux, avec les managers ou avec les institutions, c'est un véritable phénomène de corporation. Dans la réalité du monde paramédical, les professionnels communiquent

[168] Dans un sondage réalisé auprès des membres du groupe Facebook « Hublo Community » en août 2022, 51 % d'entre eux ont déclaré ne pas avoir d'adresse e-mail professionnelle ou ne pas s'en servir, parmi 256 répondants.

quand ils se voient (et quand ils ont le temps), leurs cadres les contactent par téléphone en dehors de leurs horaires de travail, et la direction, les syndicats ou toute autre instance les informent par des panneaux d'affichage disponibles sur les lieux de travail, par le biais de notes de service.

Cette façon de faire d'un autre âge implique trois choses. D'abord, la plupart des échanges se font de manière descendante – du cadre au subordonné, du syndicat au membre, de l'institution au salarié. Le professionnel est en premier lieu un récepteur, un destinataire. Ensuite, les échanges avec la hiérarchie sont le plus souvent binaires, entre *un* supérieur et *un* subordonné, il n'y a pas de canal commun, collectif, horizontal. Et finalement, le professionnel ne dispose que de peu d'outils pour s'exprimer, il doit se contenter de rencontres physiques quand cela est possible, ou du téléphone quand il arrive à joindre son interlocuteur. Quant au sommet de la pyramide, les institutions de tutelle, ARS ou autres, elles sont peu accessibles pour la majorité des soignants. Dans ce contexte, tout retour du terrain est presque inévitablement mort-né.

On voit se dessiner un manque très concret pour le soignant, d'une part, d'un moyen d'expression disponible avec sa hiérarchie ou les institutions lorsqu'il en a besoin, d'autre part, d'un lieu d'échange entre collaborateurs, incluant ou pas leurs supérieurs, mais ouvrant le dialogue de façon horizontale, pour des échanges entre pairs.

Et ce manque apparaît d'autant plus criant que ces professionnels disposent de tous ces outils et à profusion dans leur vie personnelle. Le soignant qui, en rentrant chez lui, échange avec des amis ou des voisins sur des groupes WhatsApp, dialogue avec la planète entière sur Twitter, suit des tutoriels sur YouTube, retrouve un ami perdu sur Facebook ou débat à bâtons rompus sur LinkedIn n'a aucun moyen de revenir sur un élément de sa journée avec des collaborateurs, d'en discuter posément, à tête reposée, de soulager une inquiétude ou de réfléchir collectivement à améliorer sa pratique. C'est un véritable paradoxe, et je suis persuadé que plus ou moins consciemment, les soignants en souffrent, se sentent pénalisés, voire muselés. En tout cas, il est évident que cela a un vrai impact sur leur activité, et leur lien à leur travail. Une élève directrice d'hôpital avec qui nous échangions parlait de « sentiment de communication rompue » de la part des agents, comme l'une des causes des grandes difficultés de recrutement. L'expression est tristement édifiante. Cette communication inexistante participe aussi très certainement au mal-être des soignants aujourd'hui à plusieurs égards – dans des situations de crise bien sûr, mais même bien en amont. Tout métier, et à plus forte raison ceux qui ont un rapport aussi intense à l'humain, qui sont confrontés à des situations aussi difficiles et avec une telle pression, a un besoin démultiplié de communiquer, d'exprimer au sens premier, de sortir de soi, pour se soulager, retrouver un peu de sérénité et reprendre le travail renforcé.

En outre, le paradoxe devient inadmissible lorsque l'on attend des soignants qu'ils communiquent plus et mieux avec leurs patients, alors qu'entre eux les échanges sont purement et simplement réduits à un minimum inacceptable. Des efforts et investissements considérables ont été initiés depuis plusieurs années et sont en cours, politiques et techniques, pour permettre à un patient d'accéder à ses données *via* des canaux digitaux, de récupérer de l'information auprès des personnes qui le soignent, ou encore pour réaliser des téléconsultations. C'est une excellente nouvelle, une évolution nécessaire et une avancée majeure pour le système de santé et la santé des Français. Mais en parallèle, les moyens de communication d'un professionnel paramédical à un autre professionnel dans un établissement de santé sont tristement absents.

Les raisons d'un archaïsme

Pourquoi donc au cœur du IIIe millénaire, en pleine mutation du travail et digitalisation globalisée, les soignants sont-ils exclus de cette révolution des mœurs technologiques ?

D'abord, il faut noter que ce n'est pas une spécificité du monde de la santé mais globalement celle de tous les *Front Line Workers* (FLW), travailleurs de première ligne ou encore la *deskless workforce* – les ouvriers, magasiniers, agriculteurs, mécaniciens, agents de sécurité, pompiers, facteurs, transporteurs, enseignants, restaurateurs... tous ceux que la crise sanitaire a mis en avant comme étant essentiels à notre survie dans un monde urbanisé. Ceux qui, en d'autres termes, représentent à l'échelle mondiale 80 % des travailleurs et seulement 20 % des budgets numériques[169]. Plus inquiétant encore, seuls 1 % des investissements financiers dans les entreprises du logiciel sont dirigés vers des technologies au service de ces travailleurs de première ligne[170]. La santé, comme ces autres secteurs – l'agriculture, l'industrie, l'éducation, la distribution, la construction, les transports... –, est

[169] http://desklessworkforce2018.com/

[170] *Ibid.*

restée à l'écart de ces mutations technologiques, non faute de besoins, mais d'investissements, de recherches menées, de budgets dédiés, de start-up engagées, persistant avec des outils anciens, souvent peu efficaces, manquant de fluidité et aussi d'un certain plaisir d'usage – ce qui est aussi une caractéristique des nouveaux outils.

Sur le sujet de la communication en particulier, on notera tout de même une différence entre les personnels médicaux et paramédicaux. Les médecins ont plus facilement accès à des outils, des e-mails notamment, que les paramédicaux. Il y a peut-être un besoin sensiblement différent, mais surtout la hiérarchie fait la différence. La structure très pyramidale du secteur de la santé implique un manque d'espace pour toute horizontalité, toute autonomie des échelons les plus bas, y compris dans l'expression de leurs avis et leurs besoins. Cela est aussi palpable dans le versant administratif, où la communication est plus outillée mais chargée de lourdeurs, de processus complexes de validation là aussi hiérarchiques, ce qui ralentit, voire freine, de nombreux élans d'expression. La double hiérarchie qui caractérise chaque hôpital, médicale et non médicale, leur rigidité conjuguée et leur manque de porosité renforcent encore cette complexité et le manque de fluidité pour les personnels qui dépendent des deux.

Enfin, sur le plan organisationnel, la communication a tendance à passer toujours au second plan – derrière des urgences logistiques, de ressources humaines, de gestion de plannings, etc. Alors qu'elle est centrale ! Dans la gestion du temps, l'arbitrage est toujours en défaveur de la communication : l'action permanente, l'adrénaline prend le pas sur tout recul, espace de décompression, de ressource, d'échange.

Plus il y a d'urgence, moins il y a de place pour la communication ou toute réflexion à son sujet, et cela participe au cercle vicieux : on s'enferme dans une exécution pour tenir le rythme, et on affaiblit une situation fragile. Car le manque de communication a un effet cocotte-minute : sans mode d'expression aisé, la pression est intériorisée en permanence, jusqu'à explosion potentielle.

Changer de vision

Une fois posé cet état des lieux, je pense que l'on peut expliquer ce manque par des facteurs structurels, et ainsi préparer un changement en profondeur.

La vision de la hiérarchie est peut-être la première des choses à faire évoluer, pour laisser place à une communication fluide avec tous les professionnels, du haut en bas de la pyramide. Les portes doivent s'ouvrir, pour pouvoir échanger librement et directement entre supérieurs et subordonnés. Par exemple, comme dans tous les secteurs, il faut pouvoir prendre la mesure du bien-être (ou du mal-être) des collaborateurs à travers des échanges dédiés, sincères, ouverts. Avec cette transformation de la verticalité, on touche dans la santé à une question de culture.

Hors de la hiérarchie, la parole doit aussi pouvoir circuler librement – entre pairs, entre services, entre débutants et expérimentés, entre soignants et administratifs. Fluidifier les échanges entre personnes de façon générale rendra sa dimension humaine et sociale au travail, et donc au soin, à l'organisation générale et tous les aspects qui en découlent. Là aussi, c'est un changement profond de mentalité.

Enfin, de façon plus large, il faut changer nos visions anciennes de ces métiers, refondre la division du travail : les soignants *ne sont pas* des travailleurs manuels qui n'auraient pas besoin d'outils digitaux, traditionnellement alloués aux cols blancs, travailleurs dits « intellectuels » et utilisateurs massifs d'outils bureautiques. Les soignants ont une activité vitale pour la société, dont une partie importante certes est physique, relationnelle, sensible, et mérite d'être valorisée comme telle. Leur activité à très haute valeur ajoutée est indispensable à nos vies – et nos survies. N'est pas soignant qui veut. Mais ils ont également un versant *tout aussi fondamental* pour leur pratique professionnelle, de réflexion, d'échanges, de perfectionnement, de formation continue, de supervision, qui doit elle aussi être reconnue, soutenue, intellectuellement nourrie et outillée.

Et mettre à disposition des outils pour ces aspects, c'est d'une part les reconnaître, mais aussi encourager leur développement. Ainsi, de même qu'un directeur d'établissement collectera plus facilement les retours du terrain s'il a des e-mails ou une application simple pour le faire, de même des professionnels se connecteront plus volontiers à un logiciel qui simplifierait leur mise en relation, des tchats thématiques, ou l'accès à une bibliothèque spécialisée, des articles d'experts ou des retours d'expérience. Je crois sincèrement que les outils peuvent faire naître des volontés de changement, révéler des occasions – quand elles n'existent pas déjà mais souffrent de leur manque de moyens.

Digitaliser la communication dans la santé : besoins et limites

Le besoin de communiquer est là, pressant, urgent. C'est une certitude. Le secteur de la santé est atteint de nombreux symptômes, et celui du manque de communication n'est pas le dernier. D'ailleurs, la difficulté de s'entendre, de se faire entendre, dans une situation si critique comme celle que nous connaissons aujourd'hui, est en soi-même la preuve d'une rupture dans les échanges, avec ou sans outil, installée de façon structurelle depuis fort longtemps.

Pour sortir de cette impasse, l'objectif d'une révolution communicationnelle pour les soignants serait donc, dans l'absolu et pour raccourcir, d'harmoniser les modes de communication personnels et professionnels, à commencer par la création d'outils d'usage extrêmement simple et intuitifs. Cet aspect est primordial, car la mise en place d'un outil dans le cadre professionnel implique un usage généralisé, appliqué à tous, pour ne pas dire obligatoire. Il doit donc être adaptable à tous. En outre, son utilisation doit être indolore dans la gestion de son temps et de ses tâches professionnelles. Il doit faire gagner du temps, pour du soin ou des activités en équipe, et non l'inverse. Il doit donc pouvoir être pris en main de façon rapide, et même idéalement avec un certain plaisir. On peut imaginer reprendre les codes des outils personnels les plus répandus, comme WhatsApp ou Facebook, pour en penser l'ergonomie et le design. Plus il sera familier, mieux il sera utilisé, plus ses objectifs seront atteints. Cela est d'autant plus vrai pour les professionnels de santé, ces travailleurs de première ligne, qui ne sont pas assis derrière un bureau et n'auront pas la patience de comprendre un outil trop complexe.

Cela étant dit, il faut aussi composer avec de forts enjeux, liés de façon évidente à la nature du domaine, que constitue la sécurisation des données. Les errances techniques et juridiques du dossier médical partagé par le passé en sont la preuve concrète. Mais sans aller si loin dans le cœur de métier – la relation du soignant au patient, avec des données personnelles et sanitaires –, les échanges entre professionnels ont aussi besoin de protection.

Cet enjeu a abouti à une multiplication des solutions sans qu'une seule soit vraiment adaptée : aujourd'hui, les professionnels qui souhaitent s'outiller en communication digitale ont le choix entre des outils grand public – WhatsApp, Telegram, Signal, Messenger... – globalement assez ouverts, et des dizaines de messageries professionnelles sécurisées, dont MSS, la solution publique, ou encore Apicrypt, une solution payante assez répandue. Le problème des premiers est que leur sécurisation est relative, à plusieurs égards, comme le rappelle cet article sur la plateforme Infirmiers.com[171] : sur un outil grand public, une information professionnelle peut être divulguée par mégarde, par méconnaissance, par un tiers plus ou moins malveillant... Finalement, trop de paramètres entrent en jeu pour pouvoir garantir le secret médical : « Échanger entre infirmiers sur des espaces sécurisés en ligne ne constitue évidemment pas un cas de continuité de soins. Quand bien même un soignant échange-t-il des informations dans l'unique intérêt d'un patient : a-t-il l'assentiment du patient pour le faire, peut-il être certain qu'il n'y a que des professionnels de la santé tenus au secret professionnel dans l'espace en ligne sur lequel il échange les informations, que personne d'autre ne pourra avoir accès aux informations sur le compte du membre connecté et n'y a-t-il sur la plateforme que des professionnels qui sont concernés par le patient en question et qui doivent intervenir dans

[171] www.infirmiers.com/profession-infirmiere/legislation/secret-professionnel-reseaux-sociaux.html

la continuité de ses soins ? La réponse à ces interrogations est clairement négative, il y aurait donc bel et bien rupture du secret professionnel à exposer le cas d'un patient sur un espace fermé et sécurisé en ligne[172]... » Quant aux messageries professionnelles sécurisées, il y a une offre énorme, et souvent elles ne savent pas se connecter entre elles – ce qui en soi constitue une absurdité pour des solutions de communication.

Cette profusion de solutions imparfaites montre néanmoins une appétence et un besoin croissants des soignants pour les technologies. Nous l'avons nous-mêmes constaté à l'échelle de Hublo. Lors de sa création en 2016, une partie non négligeable des soignants privilégiaient la réception de propositions de missions de remplacement par SMS. Aujourd'hui, cette fonctionnalité est devenue presque obsolète, et l'immense majorité des soignants, même aux postes les plus précaires, sont équipés de smartphones et se connectent par l'application.

Des ambitions simples...

Dans un monde ultraconnecté, les soignants partent donc de très loin. Et loin de moi l'idée que cela constitue en soi un problème. Il ne s'agit pas ici de leur fournir tous les outils dernier cri pour qu'ils « rattrapent leur retard », mais uniquement d'identifier leurs besoins pour y répondre, selon l'espace et la volonté qu'ils ont à y consacrer, et l'usage qu'ils en feront.

Je revendique pour ma part des ambitions initiales très simples, dont la principale pourrait être l'effigie ou le

[172] *Ibid.*

slogan : « Une adresse e-mail pour chaque soignant ». Et cela changerait déjà bien des choses, en surface autant qu'en profondeur.

Le groupe Facebook « Hublo Community », le degré minimum de la création de communauté en 2022, a immédiatement été pris en main et animé par des dizaines de milliers d'utilisateurs. Deux jours après sa création, des échanges se faisaient entre professionnels de différents établissements en totale autonomie. Pourquoi ? Parce que c'est un lieu d'expression libre, facile d'utilisation, et neutre – hors établissements. Facebook n'est évidemment pas idéal pour des échanges professionnels. Il comporte en lui-même, comme nous l'avons vu, des risques potentiels de dérives. Il a cependant le mérite d'exister face au néant qui caractérise les échanges entre soignants, et cet exemple de notre groupe, à la base plutôt anecdotique, est révélateur de la demande insatisfaite. Il y a là matière à avoir une véritable réflexion autour d'un réseau dédié, et par conséquent la question de la médiation, de l'ergonomie. On peut citer les forums du site Infirmiers.com, où les sujets sont référencés, mais où l'ergonomie pourrait être améliorée. À l'étranger, on peut mentionner les rubriques « Resources » et « Community » de la plateforme américaine Trusted Health[173] qui proposent matière à réflexion et supports d'échanges destinés à créer une communauté de soignants.

Quant à l'opérationnel, il faut des outils simples, inspirés des applis utilisées à titre personnel, pour une prise en main intuitive par tous, y compris les moins initiés au digital. Il faut également réfléchir à une messagerie sécurisée,

[173] www.trustedhealth.com/

vraiment adaptée et adaptable aux autres, avec un objectif d'harmonisation.

L'idée est de créer un flux d'informations avec lequel interagir, chacun à sa mesure et selon ses souhaits, où même une utilisation passive, de consultation, est nourrissante. Et de sortir du mode descendant ou binaire, pour créer des rhizomes de communication transversale et horizontale, inclusive et ouverte. Les solutions doivent être multisupports, mais principalement orientées mobiles, maintenant qu'une majorité écrasante de la population, soignants inclus, en est équipée. Enfin, il faut pouvoir collecter les retours, ou feed-back, à tout niveau, afin de construire des outils de mesures qualitatives et quantitatives.

L'urgence est de créer des outils simples de *prise de parole*.

… aux impacts profonds

Les impacts et les pouvoirs de la communication sont nombreux et évidents, que la digitalisation démultiplie. Et si tous ne sont pas bénéfiques, il en faut peu pour que les aspects positifs prennent grandement le dessus. Tout est question d'usage et de contexte, donc de réflexion, de conception en amont et de retours de terrain.

La multiplication d'outils dédiés à l'échange en milieu professionnel a littéralement explosé ces dernières années, en particulier avec les confinements successifs. Et ces outils ont bouleversé nos rapports au travail. L'arrivée du tchat, et notamment des solutions avancées de messagerie instantanée Slack et Microsoft Teams, a radicalement changé notre vie au travail et la tournure de nos discussions sur le lieu professionnel. Avec des usages sensiblement différents de l'e-mail, de la réunion et des échanges autour de la machine à café, le tchat est vu aujourd'hui comme un facilitateur, un outil complémentaire : « Le fait de savoir par exemple si la personne est hors ligne ou en ligne, disponible ou non, permet une forme d'accessibilité mutuelle[174]. » Les nouveaux outils ouvrent de nouvelles portes qui n'existaient pas auparavant, ils développent d'autres modes d'échange sans évincer les précédentes, pour une communication plus libre mais aussi plus fine.

Alors que les échanges dans les bureaux s'enrichissent de nouveaux modes, les soignants peinent à parler entre eux. Dans la santé, les enjeux, avant la finesse et la démultiplication, sont principalement la mise en lien, l'échange de pairs, l'expression de traumatismes, de questions ou de doutes quant à la pratique professionnelle. La création d'échanges sectoriels a aussi une vocation d'enrichissement, de fertilisation. Grâce à des plateformes d'échanges thématiques liés à leur domaine, les professionnels accèdent à un recul sur leurs pratiques, à travers des retours d'expérience, des études, des enquêtes, des analyses. Ils deviennent penseurs de leur secteur et non seulement exécutants. Ce sont des enjeux de démocratisation, d'éducation, de partage et de création des savoirs. On touche à la version de « l'homme augmenté » de Ferguson[175], le soignant ne doit plus être seul dans sa pratique mais doit pouvoir bénéficier d'une communauté de référence derrière lui, pour l'accompagner, l'épauler quand nécessaire.

---

[174] www.slate.fr/story/127097/slack-messagerie-instantanee-silence-open-space

---

[175] Voir chapitre 4.

Ce virage est indispensable à prendre dès maintenant, et d'autant plus avec l'arrivée des nouvelles générations qui ont un vrai engouement pour la technologie : il est inenvisageable pour eux de ne pas avoir des outils aussi performants au travail que dans le quotidien.

Il n'y a donc pas *une* solution à trouver pour révolutionner le système actuel, mais plutôt le constat que l'on est face à un trou béant, un vide intersidéral avec des éléments isolés à relier entre eux de la façon la plus opérationnelle et constructive possible. Il faut pour cela observer, créer, inventer, explorer, expérimenter. C'est, j'en suis convaincu, un vrai sujet à prendre en main, à la fois indispensable pour aider la santé à se relever, et passionnant pour nos secteurs. À tous les acteurs du numérique, inventeurs de solutions, venez penser la communication des soignants, c'est notre responsabilité à tous, et c'est notre avenir qui est en jeu.

CHAPITRE 8 : Permettre l'intervention de tiers acteurs

La crise majeure que traverse notre système de soins pointe des défaillances systémiques profondes. Le secteur hospitalier en particulier apparaît en décalage avec d'autres réalités qui l'environnent – sociétales, socio-économiques, organisationnelles, logistiques... Il a besoin d'une véritable refonte. Cependant, et malgré toutes les compétences qu'il concentre, il ne peut pas s'autorégénérer. Il doit laisser d'autres acteurs l'aider à prendre du recul, à accueillir des idées neuves empreintes des transformations globales – pour se réinventer.

Notons que la position du secteur de la santé face à l'innovation est pavée de paradoxes. Il en est lui-même un créateur emblématique, avec une recherche scientifique et médicale de pointe, mais sur des activités transversales internes, il accuse plusieurs décennies de retard. On perçoit dans ce domaine une crainte profonde du changement, notamment à l'égard du digital, craignant un antagonisme avec des métiers physiques et relationnels, et pourtant certains aspects ont déjà pris un tournant numérique radical et soulagé patients et personnel médical. Et surtout l'idée persiste que l'intervention de tiers acteurs dans la santé publique serait comme faire entrer le loup (capitaliste) dans la bergerie, alors que le libéralisme a en lui les composantes qui permettraient à la santé de se relever et proposer à nouveau des services à la hauteur des compétences de son personnel.

Voyons les ponts qui existent, les fossés *a priori* infranchissables, et détaillons les bonnes raisons de faire avancer le chantier des collaborations avec des tiers acteurs dans la santé.

Des collaborations qui ont fait leurs preuves

La santé est historiquement un domaine de spécialistes, et l'hôpital une entité à la gestion relativement opaque. Traditionnellement, les interventions d'acteurs extérieurs sont rares, et quand cela arrive, on ne leur donne pas nécessairement de visibilité. En tout cas, elles sont généralement traitées comme des exceptions. Pourtant, elles se multiplient, et certaines ont des résultats très probants.

La crise de la Covid-19 n'est pas pour rien dans cette ouverture, pour deux raisons. D'une part, l'urgence a fait tomber les silos pour une question de survie : tous les acteurs se sont mobilisés pour trouver des solutions, et venir en aide aux soignants dont nous dépendions tous, individuellement et collectivement. D'autre part, cette crise a marqué la fin d'un modèle, la réflexion autonome de l'hôpital a montré ses limites. L'urgence a permis, dans un contexte dramatique, d'ouvrir les portes de l'hôpital, d'expérimenter d'autres approches, d'autres types de solutions – souvent avec succès.

Nous pouvons ici témoigner en tant qu'acteurs puisque nous avons lancé en mars 2020, au tout début de la crise, une opération avec l'ARS Île-de-France : #Renforts-Covid. L'objectif était à la fois simple et très ambitieux : mobiliser un maximum de renforts à travers une interface digitale facile à utiliser, téléchargeable sous forme d'application mobile, qui permette à des étudiants, à des professionnels hors établissements (reconvertis, infirmiers scolaires, médecins du travail, infirmiers de santé au travail, etc.), ou à des retraités de venir en soutien des hôpitaux pour faire face à l'afflux massif de patients. L'ARS a bien compris à ce moment qu'un simple appel *via* leurs canaux habituels ou même dans les médias ne suffirait pas, et la réserve sanitaire n'avait pas été pensée pour une crise d'une telle ampleur. Il fallait un outil pour rationaliser, gérer, optimiser les bonnes volontés vers des établissements qui en avaient le plus besoin. La technologie a les solutions pour cela, et nous étions les mieux placés pour répondre à cette demande, ayant déjà une forte expérience dans le rappel de personnel pour les établissements de santé. En outre, notre structure était suffisamment légère et agile pour répondre à la demande à la vitesse attendue – nous avons développé l'appli en quatre jours. Jusqu'à sa fermeture en juillet 2020, elle a mis en relation 60 000 volontaires avec plus de 6 000 établissements, par un simple système de *matching*, un peu comme une appli de rencontre, sur des critères principaux de localisation géographique, métier et compétences spécifiques en soins. « La réussite de l'opération "Renforts-Covid" est le fruit d'une collaboration inattendue et étonnante entre deux structures *a priori* très différentes : l'Agence Régionale de Santé d'Île-de-France – un établissement public administratif de l'État chargé de la mise en œuvre de la politique de santé dans sa région – d'une part, et l'entreprise Hublo [...] qui, par sa taille, son modèle économique et sa croissance, peut être qualifiée de "start-up[176]". »

Autre accélération majeure pendant la pandémie : la téléconsultation. Prise en charge par l'Assurance maladie en France depuis septembre 2018, et encore embryonnaire avant la crise, elle s'est imposée petit à petit pendant la pandémie, pour des raisons évidentes de non-contamination. Poussés par la nécessité, les médecins ont donc permis à des concepteurs de logiciels de s'interposer entre eux et leurs patients. De nombreux acteurs se sont positionnés, certains ont survécu, Doctolib s'est imposé, jusqu'à devenir aujourd'hui la principale solution de téléconsultation et de prise de rendez-vous en ligne.

Un troisième exemple, toujours pendant la crise sanitaire, est l'incroyable histoire de la reconversion d'un masque de plongée Decathlon en respirateur ou en protection pour les soignants. En effet, en constatant la fulgurante pénurie de matériel dès le début de la pandémie, les soignants ont été forcés d'inventer des systèmes D. Cela a engendré des collaborations pour le moins inattendues. Ce sont des soignants italiens qui ont repéré ce modèle de masque et ses potentialités, qui nécessitait d'être adapté aux besoins spécifiques d'un respirateur. Il s'agissait de le relier d'un côté à une turbine génératrice de pression avec une valve pour la maintenir, mécanisme thérapeutique de l'insuffisance

[176] Aubert I., Jobin C. et Kletz F., *Crise Covid et organisation du système de santé. Témoignages et regards croisés*, Paris, Presses des Mines, 2021.

respiratoire, et de l'autre de filtrer l'air expiré grâce à un filtre de particules virales. Il a fallu pour cela développer une valve particulière, dont les Italiens ont conçu une première version, que les Belges ont reprise pour l'améliorer[177]. Pour la version protection pour soignants, un consortium international de chercheurs, ingénieurs, médecins et industriels a mis au point un adaptateur, fabriqué dans les ateliers de Bic, permettant de fixer à la place du tuba un filtre antiviral ou antibactérien[178]. Une véritable réussite transdisciplinaire et internationale !

Ce que révèlent ces exemples, prélevés dans un contexte extraordinaire, c'est que la santé gagne à sortir de son corporatisme, que d'autres secteurs peuvent lui apporter des solutions, des soutiens précieux. Que ce soient des industriels comme Decathlon ou Bic, des ingénieurs comme ceux de l'université de technologie de Belfort Montbéliard (UTBM) qui ont fabriqué les adaptateurs sur leurs imprimantes 3D pour l'hôpital Nord Franche-Comté[179], des entrepreneurs comme Doctolib, une start-up devenue en quelques années la plus grosse licorne française au service des patients, des médecins et des établissements – de nombreuses opportunités existent de réflexion commune pour améliorer le système et sortir de cette crise.

Un autre exemple de collaboration est notable même s'il est moins lisible pour les non-initiés, et loin d'être exclusif au secteur de la santé. Lorsque nous avons lancé Hublo il y a

[177] www.youtube.com/watch?v=VChxrklAoYY

[178] www.lesechos.fr/industrie-services/pharmacie-sante/coronavirus-un-adaptateur-au-masque-de-decathlon-pour-proteger-les-soignants-en-reanimation-1194843

[179] www.youtube.com/watch?v=wem8Fj3TKiQ

six ans, une question revenait fréquemment : « Pouvez-vous l'installer sur nos serveurs ? » L'installation d'un tel outil sur un serveur au sein de l'établissement (*On Premise*) est une incohérence avec le développement du *cloud* et des solutions dites « SaaS » (*Software as a Service*) qui sont hébergées à distance, permettant une bien meilleure évolutivité, interopérabilité et un déploiement infiniment plus rapide. Héberger des logiciels aujourd'hui sur son propre serveur va à l'encontre du sens de l'histoire de la digitalisation du monde et de l'entreprise, y compris des administrations publiques. L'hébergement est devenu un métier en soi, et de nombreux acteurs partout dans le monde le prennent en charge avec le matériel adéquat, loin des machineries presque artisanales installées à même les établissements. Cette question a aujourd'hui disparu des échanges avec nos clients : le passage au *cloud* a été effectué, même dans la santé qui accuse un retard technologique global par rapport à d'autres secteurs. Ce pas constitue une autre forme de collaboration, moins visible, mais qui témoigne d'un changement dans les mentalités face à la technologie et aux acteurs du digital.

La magie de la collaboration a opéré pendant la crise, pourquoi ne fonctionnerait-elle pas en temps normal ?

Les freins principaux

Nous l'avons dit, le secteur de la santé entretient une relation très paradoxale avec l'innovation. On trouve dans un hôpital les techniques les plus avancées de chirurgie et des thérapies de pointe pour des maladies complexes, avoisinant des formulaires de demande de congés sur des feuilles de papier. Comment expliquer ce voyage dans le temps d'un couloir à l'autre ? Peut-être d'abord parce que l'innovation dans la santé vient de son propre microcosme, et non de l'extérieur.

Un fort entre-soi

Je ne surprendrai personne en évoquant l'entre-soi des professionnels de santé. Pour les avoir côtoyés souvent, j'ai pu constater un fort esprit de corporatisme. La santé est une spécialité, un domaine d'exercice – et une chasse gardée. Les établissements de santé, notamment dans le secteur hospitalier, sont peu nombreux en France. En 2020, la France comptait 1 342 hôpitaux publics, 667 établissements privés à but non lucratif et 974 cliniques privées, soit 2 983 structures[180]. Et s'ils s'observent les uns les autres, échangent des idées et des pratiques, ils sortent peu de ce cercle, et ne montrent que rarement de l'appétence pour l'ailleurs.

Pourtant, l'ailleurs est vaste. Ils pourraient commencer par s'inspirer de leurs homologues à l'international. Même si les systèmes de santé varient largement, il est toujours éclairant de se confronter à d'autres pratiques. De même que les spécialistes et chercheurs médicaux et paramédicaux organisent des conférences internationales, se forment les uns les autres, programment des échanges, pourquoi ne pas imaginer la même chose dans le domaine de l'organisation, de la gestion, de l'administratif, ou de la direction d'établissement ? Il y a tout autant d'enjeux et de répercussions, sur la santé des patients comme des professionnels, à améliorer ces domaines. Venant moi-même de groupes internationaux, j'ai d'ailleurs toujours été étonné que les groupes

[180] https://drees.solidarites-sante.gouv.fr/sites/default/files/2021-09/ER1208.pdf

hospitaliers ne soient « que » nationaux. Pourquoi ne pas fonder des groupes internationaux, européens par exemple? Les exemples de groupes de santé privés internationaux sont récents et encore très minoritaires, et les exemples publics sont inexistants. L'international est, selon moi, un excellent moyen de se nourrir et de progresser.

Le second pas serait de sortir de la logique de silo pour s'inspirer d'autres secteurs que la santé nationale ou internationale. C'est là une question culturelle, que nous abordons plus bas.

Des procédures très lourdes

Le deuxième frein est plus technique. En effet, pour acter la collaboration d'un acteur tiers avec une structure de santé, et notamment un hôpital public, il faut se plier – ou se contorsionner – à un système de procédures longues, lourdes et rigides. Dans la grande majorité des cas, ces collaborations passent par un marché public, afin de respecter les grands principes de la commande publique et notamment une mise en concurrence équitable. Or ces processus sont aujourd'hui complexes des deux côtés, pour l'hôpital comme pour l'entreprise. Cela a pour conséquence directe l'exclusion des petits acteurs de ces mises en concurrence trop lourdes et trop coûteuses, et donc l'effet inverse de celui escompté. Le système public semble manifester par là son imperméabilité de nature aux acteurs privés. Par ailleurs, les petits étant souvent les plus innovants, ce biais de nature exclut d'emblée une partie de l'innovation du rayon géographique de l'hôpital.

Permettre l'intervention de tiers acteurs

Une interopérabilité pas assez contrainte

Il arrive néanmoins que ces collaborations se produisent, Hublo en est la preuve. Mais même au sein d'un partenariat réussi, des obstacles apparaissent. Une fois la nouvelle solution digitale en place, il faudrait pouvoir la connecter avec les autres outils existants du système d'information de l'hôpital, pour une utilisation optimale et une homogénéité des données créées et gérées. Les nouveaux entrants se heurtent alors régulièrement à la mauvaise volonté des acteurs en place qui, par paresse ou velléité de concurrence mal placée, gardent leurs clients en otages, refusent de faire évoluer leurs systèmes, au détriment de la qualité de leurs propres outils. Cela n'est malheureusement pas si rare. Et ces acteurs profitent de la réticence au changement ou de la complexité de sa mise en œuvre pour perpétuer des outils obsolètes, alors qu'ils pourraient être améliorés, pour le bénéfice de leur client autant que le leur.

Ce type de situations montre une limite objective de l'intervention de tiers acteurs qui, pour être positive, implique qu'ils puissent travailler aussi entre eux. Ce n'est pas pour autant une surprise puisque c'est le résultat d'un retard technologique conjugué à un cadre trop rigide. En effet, cette limite en impose naturellement une autre, qui est la réversibilité. Il faudrait pouvoir changer plus facilement d'interlocuteur si cela se révèle nécessaire, or avec les procédures que l'on sait, c'est de l'ordre de l'impossible. Il existe une réglementation sur l'interopérabilité mais qui n'est pas assez contrainte, et qui pourrait dans un premier temps être renforcée pour améliorer ce type de situations.

Pour toutes ces raisons, les changements dans les établissements de santé sont longs à émerger, créant une forme d'inertie générale où les acteurs en place par facilité ne changent pas, n'innovent plus (que ce soit en termes de logiciels, de fournisseurs de matériel...), où le niveau de service se dégrade, devient vite obsolète, et où aucune recherche d'amélioration continue n'est envisagée. En revoyant ces règles d'interopérabilité, on pourrait bousculer un peu cette inertie.

Une crainte culturelle profonde

Le dernier de ces freins, et bien sûr le plus puissant, est culturel. Le principe fondamental de la santé, qui guide la grande majorité des établissements et des praticiens, est le service au patient et la qualité du soin prodigué, en deux mots : le service public. L'arrivée dans cette enceinte sacrée de tiers acteurs entrepreneurs à but lucratif peut effrayer, et en un sens on le comprend. Pourtant, ces deux secteurs historiquement si opposés, en France notamment, se rapprochent de plus en plus, et à mon avis gagnent à le faire.

La professeure en sciences de gestion Catherine Voynnet Fourboul s'est intéressée au rapprochement des valeurs des secteurs public et privé. Elle a notamment montré dans un article[181] que les frontières entre ces deux univers tendent à s'estomper selon deux mouvements. D'après elle, le public se rapproche du privé à travers les influences des approches managériales, la diminution des dépenses publiques, la tendance à la privatisation (par la sous-traitance de certaines tâches et missions) et l'accent porté sur la fourniture de services selon le principe de subsidiarité, et le développement de l'automatisation grâce aux technologies de l'information.

[181] http://voynnetf.fr/wp-content/uploads/2013/06/2012valeurspubliquestxt.pdf

Et en sens inverse, le privé se rapproche du public par un intérêt des dirigeants d'entreprise pour s'investir dans le secteur public, même de façon temporaire. Elle montre ensuite que « ces transformations ont nécessairement un impact sur les valeurs qui irriguent le management public. On ne peut par exemple pas imaginer que le fait de se centrer non plus sur les procédures mais sur les résultats ne puisse avoir des conséquences sur les valeurs fondatrices que partage la communauté des personnes travaillant dans le secteur public. Porter son attention désormais sur des objectifs et la mesure de la performance [...], introduire plus de compétition dans le secteur public, utiliser des contrats ou des franchises à l'extérieur du périmètre traditionnel, faire preuve de parcimonie et de discipline dans l'emploi des ressources, tout cela augure d'une profonde transformation[182] ». Parmi ces transformations, elle ajoute que « si certaines valeurs sont consistantes avec les approches traditionnelles différenciant secteur privé du secteur public, on voit cependant apparaître la valeur d'efficacité dans le secteur public, ce qui est peut-être le signe d'une désirabilité d'un modèle organisationnel proche du monde du privé sur ce point[183] ». Préserver les valeurs traditionnelles du service public, tout en améliorant son efficacité par des méthodes rationnelles d'organisation, ne ressemble-t-il pas à un métissage idéal ?

En France, tous secteurs confondus, le clivage public/privé a toujours été fort, revendiqué. Dans la santé, l'antagonisme est évidemment encore plus marqué, entre santé

[182] *Ibid.*

[183] *Ibid.*

publique et santé privée. Cette crainte est parfaitement intelligible et compréhensible, puisqu'elle repose sur des fondements culturels, historiques, économiques, philosophiques. Elle est peut-être cependant entretenue à l'excès, exacerbée par la question des données qui est neuve et qui fait peur, attisée par des prises de position surmédiatisées. Je crois qu'elle peut et doit être raisonnée et relativisée, en particulier face à la crise que nous traversons. Il faut se pencher sur les problèmes sans obstacles de nature, au risque de s'enliser dans des dysfonctionnements devenus structurels.

Car comme nous l'avons montré, les collaborations existent, elles sont parfois fructueuses, et qu'on l'accompagne ou non, le rapprochement des secteurs public et privé est en marche. Catherine Voynnet Fourboul parle même d'interpénétration. Le secteur de la santé est-il mûr pour ce changement ? Est-il prêt à laisser intervenir des tiers dans son circuit fermé ? On notera ici que les patients le sont, dont 50 millions ont utilisé Doctolib pour prendre des rendez-vous médicaux en 2021[184]. L'intervention de tiers acteurs est déjà là. Et si les mentalités suivaient, elle serait sans doute mieux gérée, à la fois plus fructueuse et mieux régulée. Le dernier rempart est un frein culturel.

Éloge de la concurrence pour la santé publique

Derrière ce sous-titre volontairement provocateur se révèle une de mes convictions profondes. J'ai conscience de bousculer ici les fondements d'un secteur, mais pour autant je le défends, comme un médecin proposerait un traitement de choc à un patient dans une situation critique. Avec une

[184] www.la-croix.com/Sciences-et-ethique/Doctolib-jamais-incontournable-paysage-medical-2022-01-10-1201194107

nuance cependant : je ne parle ici que de mon domaine – le domaine du numérique, ou élargi à tous les services organisationnels ou communicationnels, disons transversaux au sens large. Je n'aborde pas les questions médicales, qui ne sont pas de mon ressort.

Dans mon domaine d'expertise donc, je crois profondément que la concurrence est un excellent moyen de tirer la valeur vers le haut. L'exemple de la prise de rendez-vous médical en ligne est édifiant. Plusieurs acteurs se sont lancés sur le même créneau autour de 2013, se livrant progressivement une concurrence féroce. Si Doctolib est aujourd'hui utilisé par 50 millions de Français, alors qu'il y a moins de dix ans il était impossible de prendre rendez-vous auprès d'un médecin autrement que par téléphone ou à la sortie d'un rendez-vous précédent, c'est parce que cette concurrence a stimulé l'innovation, l'audace et la volonté de faire mieux que les autres dans l'esprit de chaque collaborateur. Une saine compétition permet de pousser les propositions à leur maximum, d'en tirer la meilleure version. Je crois sincèrement que le contexte de marché opère une accélération bénéfique des propositions au service des patients et des professionnels. *A contrario*, comme on l'a vu, une trop grande sécurité des prestataires ou des changements rendus trop complexes incitent à l'inertie, aboutissant inévitablement à la médiocrité. La performance est rendue possible parce que la concurrence est forte, et que les acteurs sont obligés de se dépasser. Le libéralisme est en ce sens un facteur de motivation.

Cette concurrence a du bon pour l'hôpital qui, fournissant les meilleurs soins, a besoin des meilleurs services, des meilleurs outils. Le principe de l'appel d'offres joue d'ailleurs parfaitement sur les ressorts de la concurrence, l'objectif étant d'obtenir le meilleur service au meilleur prix. Et les acteurs publics sont très mal à l'aise lorsqu'un seul candidat répond à un marché. Il existe donc une conscience de cette nécessité de pluralité, de compétition pour éviter des situations léthargiques ou monopolistiques.

Si les deux sphères doivent rester fidèles à leurs natures, engagée pour le service public pour l'une, poussée par la concurrence pour l'autre, une porosité doit être rendue possible, qu'il faut accompagner, planifier, pour tirer le meilleur de chacune d'elles sans les corrompre.

S'ouvrir : une nécessité sectorielle

La question de l'ouverture est centrale et doit intervenir à plusieurs niveaux afin de faire de cette porosité un élan naturel. Encore une fois, si les personnels médicaux et paramédicaux s'informent et se forment entre eux à l'échelle nationale et internationale, les aspects systémiques de gestion, d'organisation, de communication manquent de cette fertilisation qui serait si salutaire à tout le système hospitalier. L'innovation ne doit pas être seulement médicale, car le soin ne fonctionne pas seul. Il a besoin de tout un écosystème autour de lui pour être optimal. L'hôpital n'est pas une enceinte à l'écart du reste de la société. Au contraire, il a besoin des meilleures avancées, dans tous les domaines, pour garantir son service d'excellence.

Il faudrait commencer par instiller cette idée dès la formation des professionnels de santé, des managers et des dirigeants d'établissements, les inciter à cette ouverture. Dans un secteur où les profils sortent tous des mêmes universités, instituts ou écoles, notamment dans la hiérarchie médicale ou administrative, il faudrait briser cet entre-soi, au sein même de la formation, en allant voir ailleurs – par des stages d'immersion, d'observation, des modules complémentaires… Il est impensable aujourd'hui d'imaginer par exemple qu'aux médecins qui vont être amenés à diriger une équipe, voire un service, il n'est dispensé aucune formation managériale. On sait pourtant aujourd'hui que c'est un métier qui s'apprend, et une responsabilité à ne pas prendre à la légère. Une ouverture dès l'apprentissage du métier permettrait peut-être de casser les silos entre la santé et les autres secteurs, d'atténuer cette crainte de l'extérieur et d'obtenir les meilleurs services grâce à une meilleure connaissance du marché.

Il faudrait également s'ouvrir à l'international. Aujourd'hui, les tiers acteurs qui travaillent dans la santé sont majoritairement français. Cela est bon pour notre marché intérieur et s'inscrit dans la nécessaire relocalisation de l'économie, mais il ne faut pas pour autant en faire une posture de principe. C'est aussi en confrontant les solutions numériques françaises, inadaptées ou dépassées, à leurs concurrents européens, voire américains, que nous construirons demain les nouveaux champions français. Ces choix se font parfois davantage par méconnaissance ou à cause de la barrière de la langue que pour des logiques de qualité. Ce sont de mauvaises raisons de limiter nos recours aux acteurs tiers internationaux. On limite ainsi notre vitesse de transformation, en se privant de solutions à l'échelle européenne. Il faut s'inspirer de ce qui se fait partout, et le rapatrier. Nous utilisons par exemple en interne chez Hublo de nombreux logiciels non français, européens ou américains, quand la qualité ou la profondeur du service proposé est nettement supérieure. Je suis convaincu que nous pouvons et devons faire émerger des champions européens, et non seulement français, dans la lignée de Doctolib. L'européanisation du numérique en santé pourra même se propager et alimenter une européanisation du système hospitalier, dont les effets seront majoritairement positifs. L'hôpital doit s'ouvrir à d'autres solutions plus performantes, et les tiers acteurs doivent se dépasser pour les satisfaire.

Santé Académie est un autre exemple d'acteur tiers dont le développement s'accélère, dans le domaine de la formation médicale. Il s'agit d'une plateforme de formations digitales, dont la qualité des contenus et l'expérience rappellent les codes de Netflix. Son offre est particulièrement innovante car elle propose des contenus de qualité sur des sujets très précis et pointus, pris en charge par les financements habituels, tout en cassant les codes de la formation classique. Elle rapproche l'expérience professionnelle des soignants de leur expérience personnelle lorsqu'ils regardent des films ou séries. Cette approche est tout à fait dans la ligne de ce que je recommande : concevoir des solutions innovantes, où l'utilisateur – ici professionnel – est au cœur des préoccupations, pour soutenir et contribuer à réinventer le système de soins.

Il existe néanmoins certains acteurs de la santé qui œuvrent de l'intérieur pour l'innovation et la coconstruction du milieu hospitalier avec des start-up innovantes. Je pense notamment à la FHF. Par la production de guides, de formations et d'études, elle fait réfléchir les acteurs sur des collaborations, jouant un rôle crucial de facilitateur. Il faudrait sur cette ligne un élan de part et d'autre pour transformer cette étincelle en brasier. Il faudrait que des acteurs tiers s'emparent des sujets de la santé, s'intéressent à leurs nombreux besoins, s'engagent pour réinventer des systèmes fonctionnels dédiés, acceptent de travailler à petits pas, au rythme du secteur, d'abord à une petite échelle pour en démontrer les effets, en écoutant les problématiques, en les accompagnant dans une transition difficile, sans brusquer. Et en face, il faudrait que les professionnels de la santé acceptent de prendre des risques, en reconnaissent les bénéfices, s'ouvrent à d'autres logiques sans toucher aux leurs propres, utilisent les dispositifs réglementaires – comme le dispositif « achats innovants[185] » – qui permettent dans certains cas de travailler vite tout en s'affranchissant d'autres. Si chacun fait ce pas, à l'écoute et avec un objectif commun, je suis convaincu que beaucoup de choses sont possibles.

[185] www.economie.gouv.fr/daj/le-dispositif-achats-innovants-perennise

CHAPITRE 9 : Appliquer les nouveaux métiers du management aux soignants

Le monde du travail est une caisse de résonance des caractéristiques sociétales et de leurs mutations. C'est pourquoi, pour être efficace, le management doit s'adapter en permanence de façon à correspondre aux attentes de chaque génération de travailleurs. Le métier de manager a ainsi connu plusieurs révolutions au cours des cinquante dernières années.

La révolution permanente du management

Dans les années 1960-1970, les baby-boomers recherchaient la sécurité d'emploi, une rémunération attractive, une consommation de proximité. Les entreprises étaient organisées en bloc, avec une communication principalement descendante, effectuée en face à face puis par téléphone. Le style de management était assez directif. Les collaborateurs étaient plus ou moins considérés comme des « outils ». Le management se résumait alors à deux fonctions : « commercialiser et innover » (Peter Drucker[186]).

La génération suivante, dite « X », était déjà guidée par la recherche d'un équilibre entre vie privée et vie professionnelle et visait une consommation de qualité. Les entreprises, toujours en bloc, ont commencé à établir une communication plus transversale. Le collaborateur est devenu une « ressource » et le management s'est fait plus participatif. On s'est mis à communiquer par e-mail et par SMS[187].

La génération Y « aspire à la liberté et la flexibilité avec un goût pour l'individualisme[188] ». La consommation de cette population s'est personnalisée, elle rejette les produits de masse, standardisés. Avec elle, les entreprises commencent à s'intéresser à l'intelligence collective, décentralisent la prise de décision tout en préservant la synergie et la cohérence. Le management devient collaboratif, notamment grâce aux réseaux sociaux. Les collaborateurs acquièrent une réelle valeur ajoutée pour atteindre les objectifs de l'entreprise.

Quant à la génération Z, celle qui est née après 1995 et qui arrive sur le marché aujourd'hui, elle se caractérise par sa recherche d'autonomie en même temps que des formes de collectivisme. Sa consommation est attirée par l'innovation. L'entreprise s'oriente vers une organisation dite « organo-intuitive », guidée par l'imagination. Celle-ci n'est pas

---

[186] www.linkedin.com/pulse/le-management-dhier-%C3%A0-aujourdhui-et-demain-nicolas-bontemps/?originalSubdomain=fr

[187] *Ibid.*

[188] *Ibid.*

figée mais expérimente différentes pistes, toujours prête à s'adapter au marché, à anticiper de nouvelles tendances. Le manager, quant à lui, est devenu un médiateur, un chef d'orchestre. Lui aussi doit sans cesse s'adapter aux variables du groupe, composer avec les envies, les sensibilités de chacun pour faire émerger le meilleur de tous : « Il n'est plus là pour donner des directives mais il doit faciliter les interactions et être créateur des synergies entre les différents individus qui composent son équipe ainsi qu'avec des éléments externes. Les individus sont poussés dans leur créativité et le partage pour expérimenter et optimiser tant l'engagement individuel que collectif. On retrouve ce style de management dans les start-up. » On y communique beaucoup par appel vidéo et tchat instantané. « Dans cette organisation vivante et en mouvement, on considère le collaborateur comme un client interne à l'entité avec toute la qualité de service et prestation qui en découle[189]. »

En cinq décennies, le management s'est littéralement métamorphosé. Et la crise sanitaire a donné encore un coup d'accélérateur à ces transformations avec l'arrivée du télétravail et du mode hybride. Regardons d'un peu plus près les nouveaux enjeux du management d'aujourd'hui – et essayons de nous projeter dans celui de demain.

Les enjeux d'aujourd'hui et de demain

En décembre 2019, l'Association pour l'emploi des cadres (Apec) publiait une étude qualitative et quantitative sur les nouveaux enjeux du management sous-titrée : « Une indispensable combinaison de compétences métier

[189] *Ibid.*

et comportementales pour concilier nouvelles attentes et impératifs de performance[190]. » Voilà qui annonçait la complexité grandissante du métier, et la souplesse dont doivent faire preuve de plus en plus les nouveaux managers. En effet, si les attentes de performances globales tendent à s'aiguiser dans une économie mondialisée, celles des équipes sont également grandissantes sur des plans individuels, ces flux contraires pouvant créer des tensions importantes au sein de la responsabilité du manager.

Donner du sens

Je l'ai déjà évoqué, la caractéristique la plus saillante des nouvelles générations au travail, c'est la recherche de sens. Le sens peut être défini comme « un besoin fondamental qui pousse l'être humain à agir[191] », une sorte de moteur interne puissant, qui propulse vers un ou des objectifs. Selon l'Institut québécois de recherche Robert-Sauvé en santé et en sécurité du travail (IRSST), « un travail qui a du sens est perçu comme ayant beaucoup d'importance pour la personne qui l'exécute de sorte qu'elle lui accorde une grande valeur et déploie les efforts nécessaires pour le réaliser. En psychologie, ce qui a du sens est associé à une expérience empreinte de cohérence, de consistance, d'équilibre, voire de complétude. Cette notion est aussi associée à la raison d'être et de vivre. Dans cette perspective, le sens du travail serait tributaire de la cohérence entre la personne et le travail qu'elle accomplit, ses attentes, ses

[190] https://corporate.apec.fr/home/nos-etudes/toutes-nos-etudes/nouveaux-enjeux-du-management.html

[191] www.cairn.info/sens-de-la-vie-sens-du-travail--9782100793198-page-13.htm

valeurs et les gestes qu'elle pose quotidiennement dans son milieu[192] ».

Plus concrètement, une société d'accompagnement au bien-être des salariés en entreprise observe que le sens au travail se manifeste principalement sous trois formes[193]. C'est d'abord un ressenti très subjectif de la personne : est-ce qu'elle se sent bien dans son travail, physiquement, socialement ? Est-ce qu'elle s'entend bien avec ses collègues, ses supérieurs ? On ne se projette plus aujourd'hui dans une carrière de toute une vie dans la même entreprise, on sait que l'on va changer de poste plusieurs fois, le présent tient donc une place très importante pour les jeunes travailleurs et pèse lourd dans la décision de rester ou de quitter sa place. On peut ajouter à cela une incertitude plus globale, face à des enjeux écologiques dramatiques notamment, qui donne au présent un autre poids qu'aux générations précédentes. Le sens au travail se matérialise ensuite par l'adéquation aux valeurs de l'entreprise : est-ce que celles-ci correspondent à celles du travailleur ? Est-ce qu'il s'y reconnaît ? Enfin, est-ce qu'il a les moyens de mener à bien sa mission au sein du projet de l'entreprise, d'accomplir un travail satisfaisant ? Si la réponse est non, on préférera quitter ce travail plutôt que de mal le faire – c'est l'une des problématiques du secteur paramédical aujourd'hui.

Il faut ajouter à cela les impacts de la crise de la Covid-19 et de deux ans de distanciation physique. Pour de jeunes

[192] www.irsst.qc.ca/media/documents/pubirsst/r-624.pdf

[193] www.akayogi.com/sens-et-travail-un-lien-a-reconstruire-pour-les-jeunes-generations/#:~:text=Perte %20de %20sens %20post %2DCovid&text=Les %20 jeunes %20salari %C3 %A9s %2C %20moins %20encadr %C3 %A9s,de %20sens %20 dans %20leur %20travail

salariés, parfois fraîchement arrivés sur le marché du travail, le manque de contacts réguliers avec leurs collègues, d'encadrement de leurs supérieurs, les échanges à distance, quelquefois de façon presque anonyme, sans visage, perturbés de temps à autre par des problèmes techniques, a pu engendrer de la frustration, voire créer un sentiment de délaissement, d'abandon, d'isolement, aboutissant à une perte de sens. Comme le souligne la société Akayogi : « La fin des échanges impromptus est une perte d'informations cruciales : le rendez-vous informel à la machine à café, l'échange de quelques minutes devant les ascenseurs à la sortie d'une réunion sont autant d'occasions de valider ou d'infirmer un sentiment sur un sujet stratégique[194] ! » Enfin, le microcosme que pouvait former un bureau, avec une ambiance, des habitudes, des échanges d'ordre divers, la création de liens paraprofessionnels, disparaît avec le travail à distance et la visioconférence. Le travail en quelque sorte se déshumanise, au sens cette fois-ci de perdre son visage humain, pour ne plus concerner que le cœur de métier, et des échanges strictement opérationnels.

Dans ce contexte, le rôle de l'entreprise est de redonner du sens à son activité et aux missions qu'elle dispense. Par conséquent, l'une des fonctions primordiales du manager est de véhiculer ce sens auprès de chaque collaborateur. Il y a donc une part importante de communication : toutes les actions, tous les échanges doivent faire sens, s'inscrire dans l'orientation générale de l'entreprise, dans laquelle chaque collaborateur doit retrouver l'écho de sa propre fonction. Par ailleurs, le sens doit aussi être lisible dans les

[194] *Ibid.*

comportements et le fonctionnement global de l'entreprise. Cela se matérialise notamment par trois aspects : faire preuve d'une vraie transparence, se montrer réceptif aux besoins et idées de chaque collaborateur, et fonctionner de façon à la fois rationalisée, dans un mode de gestion parfaitement indolore, et souple, pour s'adapter aux enjeux globaux comme aux siens propres.

Établir la transparence

La transparence s'inscrit dans ce tableau comme une conséquence logique, un besoin collatéral de cette recherche de sens. Pour que le salarié soit investi dans sa mission et celle de l'entreprise, il doit être impliqué davantage dans la stratégie et les grandes décisions de celle-ci. Formulée pour la première fois en 1993 par John Case dans son *Open-Book Management. The Coming Business Revolution*, il s'agit au départ de changer le mode de penser l'entreprise, en mettant en place des processus impliquant activement les salariés dans la vie financière de celle-ci. Une fois conscients de la situation, les collaborateurs se sentent plus responsables et donc plus enclins à chercher des solutions pour améliorer les performances de l'ensemble. C'était visionnaire en 1993, aujourd'hui, c'est une évidence, et non seulement pour des questions de performance, mais simplement pour des questions d'engagement, pour que chacun se sente investi de la mission collective à l'échelle individuelle, pour répondre à cette double spécificité des nouvelles générations de recherche d'autonomie et de collectif.

J'ajouterais à ce point que du côté du manager, il faut y mettre de la pédagogie, de l'envie de transmettre. Il ne s'agit pas seulement de mettre des données à disposition, mais de les expliquer, de les problématiser, de les vulgariser parfois, de façon que toute l'équipe les comprenne, se les approprie et les intègre à son fonctionnement, là où chacun les jugera opportun. Cette compréhension crée du lien, donne du sens à l'individu et au collectif, et fabrique de la valeur. C'est notamment l'un des enjeux dont je suis convaincu pour le management à l'hôpital : beaucoup d'informations, y compris financières, relèvent du domaine public et sont donc théoriquement accessibles par n'importe quel employé. Le rôle des dirigeants et des managers va alors au-delà : ils doivent simplifier ces informations, les contextualiser, les communiquer et, surtout, les répéter. Je dirige une petite entreprise de 130 personnes à l'heure où j'écris ces lignes, et pourtant 30 % de mon temps est consacré à préparer la communication interne ou à la réaliser.

Être à l'écoute

Il ressort de l'étude de l'Apec[195] que « près de trois quarts des cadres managers disent avoir constaté une évolution des attentes de leur direction ou de leurs collaborateurs et collaboratrices à leur égard », des attentes « essentiellement relationnelles, port[a]nt sur la responsabilisation, la qualité de vie au travail et la dynamique collaborative ». Le relationnel, que l'on appelle techniquement les *soft skills*, est un élément crucial du management d'aujourd'hui. Là aussi, c'est sans doute une conséquence de la recherche de sens : les collaborateurs ont un vrai besoin d'être écoutés, entendus, pris en compte. « [L'écoute] est la compétence la plus mobilisée par les managers au quotidien (47 %) et arrive également

[195] https://corporate.apec.fr/home/nos-etudes/toutes-nos-etudes/nouveaux-enjeux-du-management.html

en tête des compétences jugées les plus importantes par les cadres n'exerçant pas de responsabilités hiérarchiques (59 %). Une primauté qui témoigne de l'importance prise par la dimension relationnelle dans l'exercice des responsabilités managériales[196]. »

De façon générale, on attend des managers qu'ils soient plus empathiques que ceux des générations précédentes – dont cette qualité était rarement l'apanage, il faut bien le reconnaître. Les collaborateurs d'aujourd'hui ont besoin de reconnaissance, d'encouragement, voire de gratitude. On attend cette même empathie sur des questions plus pragmatiques de gestion du temps, toujours dans une optique d'équilibre entre vie personnelle et professionnelle. Il faut savoir se montrer à l'écoute également des besoins de liberté et de flexibilité – il devient commun de nos jours de débrider le télétravail ou des demandes d'horaires aménagés tant que ce n'est pas au détriment de l'activité professionnelle. Au contraire, il faut aller dans le sens de cette autonomie spatiale et temporelle, d'une part parce qu'un collaborateur satisfait de ses conditions de travail sera plus efficace, et d'autre part car ces conditions sont aujourd'hui un facteur d'attractivité.

La créativité organisationnelle : un enjeu de survie

La notion de créativité organisationnelle est caractéristique des entreprises d'aujourd'hui et constitue en cela une attente managériale importante. C'est à mon sens une avancée majeure dans la gestion d'entreprise, la conduite de projet et le management d'équipe. Commençons par la

196 *Ibid.*

définir rapidement, notamment par rapport à une notion voisine qu'est l'innovation. Tandis que l'innovation est relative à un produit, une solution, le plus souvent technologique, émergeant comme le résultat d'un processus de création à l'œuvre au sein d'une organisation, la créativité organisationnelle est plutôt une capacité de l'organisation à se renouveler elle-même, à se transformer pour accueillir la nouveauté, et repose en cela sur des « aptitudes humaines à envisager le futur, à exploiter diverses ressources, et à mobiliser un vaste champ de compétences techniques, sociales, et aussi psychologiques[197] ».

On peut l'entendre aussi d'une autre façon, tout à fait complémentaire à la première. Si la structure doit être créative en tant qu'entité, elle doit l'être aussi pour sa propre gestion. En effet, dans un contexte général où les salariés doivent être traités comme des clients en interne[198] et attendent du fonctionnement de la structure qu'il soit rationnel – c'est-à-dire qu'il fasse sens – mais aussi qu'il soit optimisé pour donner du temps aux choses considérées comme plus importantes, la créativité dans la gestion prend des allures de facteur d'attractivité, avec un enjeu de différenciation, voire de survie pour l'entreprise. Cela lui permet de répondre à plusieurs enjeux : d'une part, à un contexte global de mondialisation, qui impose aux entreprises d'innover et de se renouveler à un rythme soutenu ; d'autre part, à des attentes en interne que nous évoquions plus haut, où le relationnel doit primer sur l'organisationnel

[197] www.cairn.info/revue-francaise-de-gestion-2006-2-page-91.htm#:~:text=La %20cr %C3 %A9ativit %C3 %A9 %20organisationnelle %20correspond %20aux,son %20action %20dans %20le %20temps

[198] Voir chapitre 9 sur La révolution permanente du management.

– en termes de temps alloué –, qui se doit donc d'être performant. Dans une économie de l'idée et de la connaissance, la créativité s'invite partout, y compris dans la gestion. C'est ainsi qu'émergent de nouveaux dispositifs organisationnels, comme des leviers de créativité et de performance pour les entreprises. La nature et l'objet de la structure se rejoignent dans une recherche constante de cohérence et donc de performance. L'exemple de Netflix à cet égard est inspirant tant la démarche est poussée: « Notre but, c'est d'inspirer les gens plutôt que de les manager. Nous souhaitons que nos équipes fassent ce qui est le mieux pour Netflix. Cela génère un sens des responsabilités, de l'imputabilité et de l'autodiscipline qui nous motive pour faire de l'excellent travail. La liberté en elle-même n'est pas l'objectif. L'objectif est de créer un attachement fort à Netflix de sorte que le personnel agisse pour le bien de l'entreprise. » Cela se traduit par une absence de règle précise qui met en lumière un niveau de confiance dans les employés rarement atteint: « Notre politique concernant les voyages, les invitations, les cadeaux et autres dépenses tient en quelques mots seulement: "Agissez dans le meilleur intérêt de Netflix". Quant à notre politique sur les congés, elle se résume à "Prenez des vacances". »

Le manager doit mettre en musique et en pratique ces nouveaux modes de faire et de penser, en créant un contexte structurel favorable à la créativité, individuelle et organisationnelle. Il doit donner de la souplesse au cadre, et la possibilité constante de se réinventer si nécessaire, tout en garantissant une hyperrationalité du fonctionnement de la structure.

Portrait-robot du manager du futur

Pour dresser ce portrait, on peut commencer par reposer les bases du métier, qui, elles, ne sont pas neuves – c'est le contexte qui fera toute la différence, et la capacité du manager à s'y adapter. Le métier de manager est toujours un processus social, culturel et psychologique. Sa fonction consiste toujours à transformer du travail en performance. L'expérience est toujours au cœur du processus d'apprentissage de sa fonction. Et en faire une compétence requiert toujours une démarche de développement de la part du manager et un système favorable[199].

Ce qui change dans les années 2020-2025, c'est que le manager ne doit plus être un dirigeant, mais plutôt un leader, c'est-à-dire celui qui porte une vision et parvient à embarquer ses équipes dans cette perspective. Il ne s'agit plus de contraindre mais d'inspirer. Il ne s'agit plus de commander, mais de soutenir, d'impulser, comme dans une dynamique de coaching ou de mentorat, l'objectif étant de tirer le meilleur de chaque individu en attisant sa propre motivation, en développant ses propres ressorts. La communication est donc au cœur de ses compétences, et il doit s'adapter à chaque situation, à chaque personne. Accroître la communication et la collaboration décentralise le pouvoir, chaque membre de l'équipe doit s'autoporter, un peu comme un électron libre, et piloter son activité dans le but de contribuer à l'objectif commun. Chaque collaborateur est maître de soi, et le manager intervient pour accorder l'ensemble, poser un cadre à l'intérieur duquel chacun est libre de lancer des initiatives. La notion de leader n'est pas nouvelle.

[199] www.cairn.info/revue-l-expansion-management-review-2010-3-page-120.htm

La nouveauté réside dans le fait que chaque manager, quel que soit son niveau dans l'organisation, qu'il manage 2 ou 20 000 personnes, doit être le leader de son équipe.

L'exemplarité est aussi un facteur clé du management de demain. Celui dont c'est la fonction doit littéralement *incarner* tout ce qu'il recommande ou demande à ses équipes, que ce soit en termes d'investissement, de comportement, de mode de travail ou de communication. Enfin, plus que jamais dans un contexte où le relationnel a une place d'honneur, le manager doit accepter de se montrer vulnérable – reconnaître ses erreurs, ses marges d'amélioration, ses moments de doute, de faiblesses, ses émotions. Sa capacité à montrer ses failles et à les surmonter lui donnera plus d'aura et le rendra d'autant plus inspirant que ses collaborateurs pourront se reconnaître en lui. Il doit être un exemple à suivre, mais un exemple vraisemblable, accessible. J'ai personnellement vécu et compris, tardivement, ce que signifie être exemplaire pour un manager. Je croyais devoir apparaître sûr de moi et infaillible quelle que soit la situation, dans mes échanges individuels ou lors de réunions devant tous les collaborateurs chez Hublo. J'avais tort. Et on me l'a explicitement formulé : avoir l'air infaillible au travail aujourd'hui non seulement n'est pas inspirant, mais c'est même décourageant.

Management dans la santé : un besoin vital d'innover

Le management est avant tout un *métier*, et même assez complexe, auquel il faut donc se former, d'autant plus qu'il évolue très vite. J'irais jusqu'à dire que la majorité des personnes actuellement en poste ne sait pas manager les nouvelles générations qui commencent à travailler depuis quelques années, appliquant des recettes et méthodes obsolètes. Les répercussions d'un bon comme d'un mauvais management sont énormes en général, et elles prennent un caractère vital dans le domaine de la santé. Or s'il est un secteur où le management peine à évoluer, c'est dans celui du soin. Et pour cause, c'est certainement l'un des plus complexes à diriger. En effet, dans un domaine où l'humain est partout, où entrent en jeu des questions de vie et de mort, la notion de service public, une vaste diversité de compétences, spécialités, statuts, contraintes, ne peut se réduire à l'univers d'une entreprise lambda. Il est pourtant urgent de se pencher sur cette complexité, et de l'accorder autant que possible aux évolutions que nous avons rapidement brossées. Car la crise de l'hôpital est aussi celle de son management, et à l'heure où le chômage n'existe pas chez les soignants, l'attractivité est un grand sujet.

Les trois grandes priorités

Pour refondre le management dans la santé, il y a plusieurs approches possibles. On peut néanmoins distinguer trois lignes directrices principales, trois objectifs vers lesquels tendre pour transformer pas à pas des modes de fonctionnement relativement anciens.

Intégrer les soignants dans la gouvernance

Ce point faisait partie des recommandations de Martin Hirsch que je partage totalement : il faudrait « repenser la gouvernance et l'ossature de l'organisation hospitalière », en y intégrant notamment « une “paramédicalisation” de la gouvernance, car les paramédicaux ne peuvent être considérés comme de simples exécutants (jusqu'au nom de “personnels non médicaux”), mais doivent participer à la gestion de l’hôpital, à l’évolution des métiers, aux grands choix. Leur place restreinte est une des explications du malaise »[200].

Prenons par exemple un problème très concret qu’est le sujet des nuits : plus personne ne veut travailler de nuit dans les établissements de santé parce que c’est pénible, cela a des impacts importants sur la vie personnelle, et c’est trop mal rémunéré. Pour répondre à cette problématique, il faut d’abord écouter précisément les retours des soignants qui l’expérimentent, puis réfléchir *ensemble* pour trouver des solutions concrètes, soit pour rendre les nuits plus attractives, avec des avantages par exemple, soit pour revoir complètement le système qui, visiblement, ne convient plus aux modes de vie d’aujourd’hui. Pour l’instant les grilles, de la fonction hospitalière notamment, établies au niveau national, sont trop rigides. Il faudrait pouvoir être plus souple, plus autonome, plus agile, plus créatif dans ce mode d’organisation. La direction d’un hôpital pourrait inventer des solutions avec ses équipes, sous forme de bénéfices ou de réorganisation avec ses composantes locales. L’hôpital est pour l’instant beaucoup trop loin de la créativité organisationnelle qui, si elle est un concept, n’en a pas moins des répercussions très concrètes sur la vie des salariés. Il faut absolument amorcer un rapprochement, même long, vers un nouveau mode de gouvernance, plus collaboratif, mieux en accord avec les tendances actuelles. Les soignants doivent avoir un poids dans les prises de décision qui les concernent, et dans la vie de l’établissement en général. Cela permettrait d’une part de trouver les solutions les plus adaptées par et

[200] www.lesechos.fr/economie-france/social/hopital-le-temps-de-la-refondation-1404467

pour les soignants, d'autre part de réinsuffler de l'engagement, de l'implication – par le sens et la transparence.

Réinventer l'autorité

Un nouveau mode de gouvernance implique également un nouveau mode de leadership. Nous dépeignions plus haut le manager du futur, empathique, chef d'orchestre des talents, à l'écoute de chacun. Les établissements de santé ne sont pas des entreprises comme les autres, et l'hôpital public a aussi ses propres contraintes liées au statut de fonctionnaire d'une grande partie des équipes. Il est pourtant possible d'adapter aux spécificités du métier une autre vision et fonction de la hiérarchie.

L'exemple de Buurtzorg, créé par Jos de Blok, un ancien infirmier hollandais, est inspirant à bien des égards[201]. Certes c'est un réseau de soins infirmiers de proximité délivrés à domicile et non au sein d'un établissement de santé. On peut néanmoins s'inspirer de son fonctionnement pour repenser le nôtre, et transposer ce qui peut l'être. Dans ce réseau, chaque infirmier est responsable de ses patients, généralement des personnes âgées aux besoins complexes habitant chez eux. Son idée est on ne peut plus simple : il s'agit de « demander à l'infirmier de faire ce qu'il pense qu'il doit faire. Dans une logique ni de protocoles, ni de produits. Il doit examiner le problème, et le résoudre de la façon la plus efficace[202] ». Le soignant est responsable, autonome, et même, en un sens, créatif face à son patient. Sa mission est

[201] Voir chapitre 2.

[202] www.courrierinternational.com/article/video-comment-allier-le-vieillissement-et-son-cout-economique

de préserver sa bonne santé. Les moyens pour l'accomplir lui appartiennent. L'autre part importante de cette approche consiste à prendre le temps de parler avec le patient, pour comprendre ses attentes et aspirations, écouter son histoire – l'autre partie du soin. Enfin, les infirmiers bénéficient d'outils numériques performants et simples d'utilisation, permettant de communiquer avec l'équipe centrale, d'avoir de la visibilité sur les indicateurs de l'activité et de générer de la transparence. Les résultats de ce système sont au rendez-vous : « Si vous faites confiance aux personnes et si vous leur demandez de faire ce qu'elles jugent bon de faire, vous utilisez les compétences de façon optimale[203]. » L'autonomie et la responsabilité des infirmiers semblent être la clé du succès – y compris financier. En redonnant de la liberté aux infirmiers, et sortant de l'opposition entre le médical et le paramédical, ce réseau a démontré qu'il est possible d'économiser 30 % des coûts et 50 % du temps par rapport au reste du système de soins national.

C'est un exemple extrême mais qui souligne la plus-value immense que peut avoir un management adapté sur le bien-être et les performances des collaborateurs. Dans le cas de soignants, les performances se « chiffrent » aussi en bien-être, en santé, en vitalité, et ce à l'échelle des individus, comme d'une société entière. Et lorsque l'on sait avec quelles contraintes, normes et procédures doit composer le personnel paramédical dans les établissements de santé français à l'heure actuelle, on comprend aisément l'étendue des compétences que l'on perd.

[203] *Ibid.*

Ouvrir les formations

Pour atteindre ce niveau de changement dans un système si vaste et si enraciné, l'ouverture doit avoir lieu à différents niveaux. Et comme tout changement, il doit commencer par l'éducation. Je prône avec la plus grande conviction d'ouvrir les formations des personnels médical, paramédical et administratif de la santé à d'autres secteurs, même d'autres métiers, pour ouvrir les mentalités, fertiliser les esprits, égrener les idées, et semer le changement par toutes les voies possibles. Il faut absolument sortir du silo du soin pour sauver le soin.

Nous avons déjà cité l'expérience de Floriane Bordelais, une élève directrice d'hôpital venue en stage chez Hublo pendant deux mois[204]. Elle n'est pas la seule, nous accueillons régulièrement de futurs directeurs d'hôpitaux qui viennent s'inspirer d'autres modes de faire. Ils repartent avec sinon des projets de changement, du moins la certitude que d'autres choses existent et souvent l'envie de les tester dans leur domaine. Il n'est pas rare d'avoir des échos de leurs expériences une fois en poste – des cercles de décisions courts, agiles, du *test and learn*, des tentatives d'aplatir un peu les hiérarchies, de faciliter la communication interne, de créer du liant entre les équipes... Convaincus de ces bienfaits, nous faisons de même chez Hublo, en permettant à 100 % de nos collaborateurs, quel que soit leur métier, d'aller effectuer un stage d'immersion dans des établissements de santé pendant quelques jours, pour prendre pleinement conscience de la réalité quotidienne de nos clients. Ils en ressortent chaque fois nourris, et plus volontaires encore

[204] Voir chapitre 5, www.linkedin.com/pulse/journal-de-bord-dune-%C3%A9l%C3%A8ve-directrice-dh%C3%B4pital-jai-une-bordelais/

pour trouver des solutions à des problématiques qu'ils ont touchées du doigt.

Une révolution à petits pas

Lorsque l'on compare les grands traits du management actuel et à venir et les attentes des nouvelles générations de travailleurs avec le mode de fonctionnement et de gouvernance d'un hôpital, le chantier est vaste et donne un peu le vertige. Mais Rome ne s'est pas faite en un jour. Et je suis convaincu que des changements sont possibles, progressivement, et qu'ils peuvent aider profondément la crise hospitalière que nous traversons, qui est avant tout une crise humaine.

En faisant les choses à petits pas, on pourrait imaginer d'abord un rapprochement des équipes de direction – soins infirmiers, affaires médicales, ressources humaines – avec pour objectif de créer un véritable maillage entre elles. La question des passerelles est cruciale dans le renouvellement d'une gouvernance. Un autre pas serait de former les médecins aux questions de management, et de les sensibiliser aux attentes des générations à venir. Aller expérimenter ces mutations du leadership ailleurs serait bien sûr idéal pour toucher du doigt d'autres réalités, voir qu'elles fonctionnent, et ramener d'autres pratiques à l'hôpital. Établir une culture du feed-back, associée avec une communication globale plus fluide[205], serait aussi bénéfique à de nombreux égards – progrès individuels, relationnel plus fort et constructif, désamorçage de crises… Enfin, il faudrait accepter de sortir d'un fonctionnement ancien pour expérimenter d'autres choses,

[205] Voir chapitre 7.

adopter face à lui une posture critique et réflexive pour y insuffler de la nouveauté, et là encore, c'est le rôle du manager. C'est à la direction d'impulser le changement, de créer l'enthousiasme et de rassembler les moyens autour d'une vision : « Si la créativité demande, en premier lieu, de la part des individus d'être capables de sortir des sentiers battus et de considérer des alternatives à des solutions "évidentes", et ainsi d'adopter une posture critique face à l'habitude et à la tradition, il importe, cependant, que, premièrement, l'organisation libère volontairement des ressources dédiées (humaines, financières, temporelles, spatiales...) et, deuxièmement, qu'elle accepte de voir ses routines perturbées, voire même qu'elle intègre la créativité dans ses routines (Cohendet et Simon, 2016[206]). »

C'est un énorme chantier que la santé a devant elle. Mais il est indispensable, et plein de promesses. Car si les innovations managériales se font dans les start-up, c'est à l'hôpital qu'il nous faut les meilleurs managers.

[206] www.erudit.org/en/journals/mi/1900-v1-n1-mi04103/1053684ar/

CONCLUSION

Comité national d'éthique[207], Sénat[208], gouvernements à maintes reprises, collectifs de soignants, économistes..., de nombreux acteurs et instances depuis des années prennent la parole, proposent des mesures, lancent des concertations, formulent des recommandations, se mobilisent pour une refonte du système de santé français. Force est de constater que les professionnels continuent de souffrir, de s'épuiser, et progressivement quittent le navire, aggravant encore la situation de ceux qui restent. Comment se fait-il qu'en France en 2022, dans un système de soins qui a fait figure d'exemple pendant des décennies, avec des techniques de pointe, des formations mondialement reconnues, on ait autant de difficultés à répondre à des enjeux aussi vitaux? Mesures d'urgence comme mesures prétendument de long terme, rien n'y fait. Notre système de santé a atteint ses limites, et nos soignants sont à bout de forces.

[207] www.ccne-ethique.fr/node/528

[208] www.senat.fr/rap/r21-587-1/r21-587-1-syn.pdf

En tant qu'entrepreneur travaillant pour le secteur de la santé depuis des années, je suis convaincu qu'une partie des solutions viendront de nous, les acteurs tiers qui gravitons autour des établissements de santé. Nous avons une connaissance des métiers et des professionnels de l'intérieur pour les fréquenter de très près, pour recueillir quotidiennement leurs besoins, leurs retours, leurs enjeux, leurs doutes, afin de leur proposer des solutions au plus près de leurs attentes. Et en même temps nous sommes souvent des structures diamétralement opposées à celles de nos clients, en termes de fonctionnement, de configuration, de nature, de statut, d'objet... Et cette rencontre est parfaitement à l'image de ce que je préconise pour l'hôpital comme à l'échelle d'une société.

Notre système de soins a besoin d'un nouveau modèle, et aucun expert, aucun collectif de soignants n'a pour l'instant réussi à trouver de solutions viables. Ce ne sont donc ni les compétences ni les bonnes volontés qui manquent. Si les souffrances perdurent et sont similaires dans la plupart des autres pays développés, c'est que la solution est à créer au-delà de tout modèle, à inventer, par tâtonnement, par expérimentation, à petits pas. Le système est ancré et tentaculaire : on ne peut envisager sa refonte d'un coup de baguette magique, mais plutôt au fil d'avancées pragmatiques, en incluant tous et chacun dans la réflexion. L'hôpital étant un bien commun parmi les plus précieux, chacun doit y apporter sa contribution. C'est dans cette idée que le fonds FHF a produit le guide Hospi'Up[209], qui me semble être un signe encourageant, un pas dans la bonne direction.

[209] www.hospiup.fr/

Conclusion

À travers cet important travail collectif de consultation auprès d'établissements de santé, start-up et autres acteurs de l'innovation dans le secteur du soin, ce guide donne des clés de compréhension pour leur permettre de travailler ensemble, de sortir d'un cercle fermé et de trouver des solutions ailleurs. Je suis persuadé que ce phénomène de friction – cette résistance qui survient lorsque l'on frotte deux matériaux l'un contre l'autre – sera générateur de mouvement, d'invention, de grandes avancées. Pour prendre soin de nos soignants et rendre à notre Société son haut potentiel de soins qui est, et sera, de plus en plus crucial, il faut ouvrir les yeux et les esprits – et apprendre à travailler ensemble.

LE GRAND ÉPUISEMENT

TABLE DES MATIÈRES

LES AUTEURS DE DÉBATS PUBLICS

Françoise Adamsbaum
Directrice du Musée international des arts modestes de Sète (MIAM)

Yaële Aferiat
Directrice de l'Association française des Fundraisers

Jean-Philippe Aka
Fondateur d'Africa Art Market Today

Hervé Amar
Président d'Ayming

Antoine Amiel
Cofondateur de LearnAssembly

Jean-Xavier Arnaud
Associé, Tilder

Julien Artu
Cofondateur de My Hospi Friends

François Asselin
Président de la CPME

Jacques Attali
Ancien conseiller spécial de François Mitterrand

André-Jacques Auberton-Hervé
Président-fondateur de Soitec

Fanny Auger
Fondatrice de The School of Life

Gilles Babinet
Cofondateur d'Isotope Energy

Bertrand Badré
Président de Blue like an Orange Sustainable Capital

Simon Baker
Directeur de la Maison européenne de la photographie (MEP)

Hector Balas
Cofondateur et dirigeant d'Impala

Jérôme Ballarin
Président de l'Observatoire de la parentalité en entreprise

Audrey Barbier-Litvak
Directeur général France et Europe du Sud de WeWork

Marie Barrot
Fondatrice d'AIM Prod

Agnès Bazin
Directeur du développement de Doctolib

Thierry Beaudet
Président du CESE

Anne-Sophie Beauvais
Directrice générale de Sciences Po Alumni

Salomé Berlioux
Fondatrice de Chemins d'avenirs

Adrien Bisseliches
Fondateur et directeur général de My Pop Up Store

Denis Blanc
Directeur général d'Ayming

Phillip Blond
Fondateur de ResPublica

Flore Bonnard
Fondatrice de l'application Rezto

Anissa Bonnefont
Scénariste et réalisatrice

Bruno Bonnell
Président de l'EM Lyon Business School

Jean-Marc Borello
Président du Groupe SOS

Valence Borgia
Cofondatrice de la Fondation des Femmes

Grégoire Borst
Professeur de psychologie du développement et de neurosciences cognitives de l'éducation à l'Université Paris-Descartes

Vanessa Boudin-Lestienne
Fondatrice de The Social Client

Kat Borlongan
Directrice de La French Tech

Vincent Bounes
Directeur de Pôle, Samu 31

Kevin Bourgeois
Cofondateur de Supermood

Jérôme Bourreau
Président d'Anamnèse

Nicolas Bouzou
Fondateur d'Asterès

Nicolas Brien
CEO de France Digitale

Tamara Brisk
Fondatrice de Mokki

Franck Bruel
Directeur général adjoint d'Engie

Jean-Martial Buisson
Avocat associé chez Fromont Briens

Moussa Camara
Président-fondateur de l'association Les Déterminés

Robert Cantarella
Codirecteur du Centquatre

Carolyn Carlson
Danseuse, chorégraphe et poétesse

Louis Champion
Directeur général de Stallergenes

Julie Chapon
Cofondatrice de Yuka

Thibaut Charmeil
Directeur général France du groupe Ayming

Xavier Charpentier
Cofondateur de FreeThinking

Jean-Louis Chaussade
Directeur général de Suez Environnement

Paul-Adrien Cormerais
Fondateur de Pony

Mathieu Cornieti
Président d'Impact Partenaires

Anne-Marie Couderc
Directrice générale de Presstalis

Professeur Charles Court
Chef du service orthopédie et traumatologie, Hôpital Bicêtre

Thomas Courtois
Président de Nickel

Moano Dadou
Fondateur de RefuHelp

Amy Dahan
Directrice de recherche au CNRS

Julie Dautel
Cofondatrice d'Eonef

François Davy
Président du groupe Adecco

David De Faria
Directeur de Pôle Enfance

Marie Degrand-Guillaud
Directrice générale déléguée de Nickel

Paul de Leusse
Directeur général adjoint du groupe Orange

Maxime Delmotte
Cofondateur de Balibart

Jean-Philippe Derosier
Professeur de droit public à l'Université Lille 2 — Droit et Santé

Tanguy et Marine Desandre
Fondateurs de Maplaceencrèche

Didier Deschamps
Directeur de Chaillot – Théâtre national de la danse

Jean-Luc Domenach
Créateur de l'Université Tsinghua

Éric Dournès
Fondateur de Créa-Sud et animateur de l'émission de télévision Bonsoir le Béarn !

Laurence Drake
Déléguée générale d'InPACT-Initiative

Mathieu Duquesne
Directeur de la stratégie de SNCF Logistics

Jean-Loup Durousset
Président de la Fédération de l'hospitalisation

Béatrice Eastham
Fondatrice et directrice de Green Événements et Événements 3.0

Marie Ekeland
Fondateur de 2050

Caroline Eliacheff
Docteure en médecine, psychanalyste et pédopsychiatre

Delphine Ernotte Cunci
Présidente de France Télévisions

Charlotte Euzen
Associée, Tilder

Paola Fabiani
Présidente de Wisecom

Domitille Fafin
Directrice des relations institutionnelles et de la communication de Shell

Charlotte Fairbank
Championne de tennis fauteuil

Jean-François Fallacher
PDG d'Orange España

Mireille Faugère
Directrice générale de SNCF Voyages/Assistance publique — Hôpitaux de Paris

Frédéric Fisbach
Codirecteur du Centquatre

Hubert Flichy
Senior counsel au cabinet Flichy Grangé Avocats

Françoise Forette
Directrice d'ILC-France

Nicolas Froissard
Porte-parole et codirigeant du Groupe SOS

Jean-Baptiste de Froment
Conseiller Éducation de Nicolas Sarkozy à l'Élysée

Sophie Gaillet
Fondatrice de Grand-Mercredi

Marianne Gallardo
Project leader et research engineer chez Engie

Mathieu Gallet
Fondateur et président de Majelan

Cristina Garmendia
Présidente de la Fundación España Constitucional

Pierre Gattaz
Président du Medef

Julie Gayet
Actrice, productrice de cinéma et réalisatrice française

Marie Georges
Présidente de Willa, ex-Paris Pionnières

Philippe Germain
Directeur de Ciclic, l'agence régionale du Centre pour le livre, l'image et la culture numérique du Centre-Val de Loire

David Gordon-Krief
Associé, UGGC Avocats

Laurent de Gourcuff
Fondateur de Paris Society

Élodie Grimoin
Cofondatrice et CTO d'Urban Canopee

Anne-Sophie Grouchka
Chief operating and transformation officer d'Allianz France

Isabelle Guichot
Directrice générale de Maje

Cécile Guillou
Directrice exécutive générale de Franprix

Khamsa Habouchi
Directrice adjointe du Centre Virchow-Villermé

Vanessa Hary
Fondatrice, Les Intrépides

Paul Hatte
PDG de Hatis

Nicolas Hazard
Fondateur d'Inco

Christophe Heugas
Docteur, Laboratoire Biopyrénées

Anne Hidalgo
Maire de Paris

Caroline Hilliet-Le Branchu
Directrice Générale de La Belle-Iloise

Klaus Hommels
Fondateur de Lakestar

Martin Hook
Directeur général d'Ayming UK

Tarek S. Hosni
Directeur général d'Alvarez & Marsal

Sarah Huisman-Coridian
Associée fondatrice et directrice générale d'Equanity

Thierry Jadot
Président de Dentsu Aegis Network France

Olivier Jaillon
Président, Chief executive & Enablement Officer, Wakam

Patrick Jeantet
PDG de SNCF Réseau

Marcel Kahn
Directeur général du groupe MACSF

Nathanaël Karmitz
PDG de MK2

Frederik W. de Klerk
Prix Nobel de la paix 1993

Guillaume Klossa
Fondateur d'EuropaNova

Gaspard Koenig
Fondateur du think tank GenerationLibre

Alain Krakovitch
Directeur de SNCF Transilien

Arnaud de Lacoste
Directeur général d'Acticall Sitel

Olivier Lacrampe
Docteur, Laboratoire Biopyrénées

Ingrid Lamri
Project director chez Engie

Véronique Langlois
Cofondatrice de FreeThinking

Serge Lasvignes
Président du Centre national d'art et de culture Georges-Pompidou

Frédéric Latrobe
Associé, Tilder

Jean-Yves Le Gall
Président du Centre national d'études spatiales

Ludovic Le Moan
Cofondateur de Sigfox

Fabrice Le Saché
Fondateur d'Aera

Philippe Lemoine
Président de la Fondation Internet nouvelle génération

Philippe Lentschener
Président de Publicis France

Matthias Leridon
Président-fondateur de Tilder

Enrico Letta
Doyen de l'École des affaires internationales de Sciences-Po

Aude Letty
Directrice Innovation Santé et déléguée générale de l'Institut du Bien Vieillir Korian

Chen Lifang
Corporate Senior Vice-President and Director of the Board, Huawei

Jean-Hervé Lorenzi
Président du Cercle des Économistes

Pascal Lorne
Fondateur et CEO de Gojob

Antoine Loron
Fondateur de Hublo

Marina Maestrutti
Maîtresse de conférences en sociologie à l'Université Paris 1 Panthéon-Sorbonne, Cetcopra

Thierry Malandain
Chorégraphe et directeur, Centre chorégraphique national de Nouvelle-Aquitaine en Pyrénées-Atlantiques/ Malandain Ballet Biarritz

Angèle Malâtre-Lansac
Directrice déléguée à la santé à l'Institut Montaigne

Pierre-Alain de Malleray
Directeur général du groupe Santiane

Moussa Mara
Premier ministre du Mali

Emma Marcegaglia
Présidente d'Eni

Stéphane Mariaccia
Animatrice d'ateliers de mémoire, association Komedia

Philippe Mas
Fondateur de Modularche

Michel Mathieu
Directeur général de LCL

Olivier Mathiot
Directeur général de 2050

Muriel Mayette-Holtz
Directrice du Théâtre National de Nice

Dominique Méda
Directrice de l'Irisso

Bruno Mettling
Président d'Orange Middle East and Africa

Marc Mézard
Directeur de l'École normale supérieure de Paris

Sacha Michaud
Fondateur de Glovo

Christian Miele
Président de German Startups Association

Éric Mignot
Président et fondateur de +Simple

Fatiha Mlati
Directrice de l'intégration chez France terre d'asile

Jean-Paul Mochet
Directeur général de Franprix

Dominique Mockly
Président de Teréga

Grégory Mollet-Viéville et Romain Rainaut
Créateurs de CYD

François De Montaudouin
Membre du Ayming Institute's Advisory Board et Senior advisor, Tilder

Filippo Monteleone
Directeur général délégué du groupe Générale de santé

Aurélie Motta-Rivey
Vice-présidente de l'AFNU

Antoine Motte
Créateur de Constructions-3D

Patricia Moulin Lemoine
Présidente du Conseil de Surveillance du groupe Galeries Lafayette

Claude Nahon
Directrice du développement durable et de l'environnement au sein du groupe EDF

Séverin Naudet
Fondateur et global CEO de Socialyse

Axelle N'Ciri
Fondatrice de MAP Patho

Olivier Nicolas
Membre du Comité exécutif, LCL

Céline Orjubin
Cofondatrice et directrice générale de My Little Paris

Kevin Ortega
Fondateur de Coiff in the street

Haiba Ouaissi
Cofondateur de la plate-forme lecontratdetravail.com

Amélie Oudéa-Castéra
Directrice marketing et digital du groupe AXA

Rachid Ouramdane
Codirecteur du Centre chorégraphique national de Grenoble

Ali Parsa
Fondateur et PDG de Babylon Health

Michel Paulin
PDG d'OVHcloud

Emmanuel Petiot
Directeur général de Deinove

Nicolas Petrovic
PDG France et Belgique de Siemens

Céline Peudenier
Membre du directoire du Groupe SOS

Fabien Piazzon
Associé Qualité de vie au travail chez Ayming

Alain Picard
Directeur général de SNCF Logistics

François Pignol
Directeur Grands comptes Luxe chez Google Paris

Laurie Pilo
Directrice générale d'Ayming Benelux

Thomas Plantenga
PDG de Vinted

Olivier Poivre d'Arvor
Ambassadeur de France en Tunisie

Célia Poncelin
Fondatrice de Lunetist

Marie-Alice Thierry Portmann
Directrice des ressources humaines d'Ayming

Philippe Pouletty
Cofondateur de Truffle Capital

Cyril Quenet
Cofondateur de Label Famille

Pierre Rabhi
Créateur du mouvement Colibris

Jonas Ramuz
Président et cofondateur de Quai 36

Laure de La Raudière
Présidente de l'Arcep

Raymond Redding
Directeur général du Courrier de La Poste

Florian Reinaud
Cofondateur et président de Concilio

Helmut Reisinger
CEO d'Orange Business Services

Hugues Renson
Vice-président de l'Assemblée nationale

Sandra Rey
Fondatrice et PDG de Glowee

Stéphane Richard
Président-directeur général d'Orange

Anne Rigail
Directrice générale d'Air France

Rémy Rioux
Directeur général
de l'Agence française de développement

Gaël Riva
Organisateur du Drive Repas solidarité
de la Loubière

Robin Rivaton
Directeur général
de l'agence d'attractivité
de la région Île-de-France

Lucie-Éléonore Riveron
Cofondatrice et présidente
de Fauve Paris

Patrick Ropert
Directeur général de SNCF
Gares & Connexions

Père Matthieu Rougé
Docteur en théologie

Nicolas Rousselet
Président de G7, ADA et Homebox

Gérard Saillant
Médecin, consultant,
Fédération internationale
de l'automobile

Cédric Sanial
Agriculteur en Haute-Loire

Michel Sapin
Ministre des Finances
et des Comptes publics

Marie-Laure Sauty de Chalon
Présidente de Carat

Jacques-Olivier Schatz
Directeur des opérations
de Wakam

Wolfgang Schäuble
Ministre fédéral des Finances

Olivier Schwartz
Directeur de l'unité
de recherche Virus et immunité
à l'Institut Pasteur

Vincent Sciandra
PDG de METRON

Hervé Seck
Chef de projet chez Diambars

Mouna Sepehri
Associée, Tilder

Olivier Sibony
Associé, McKinsey

Yannick Silva
Designer et inventeur, Yanook

Victor Simon
Président de WorldSkills France
Champions

Alvaro de Soto
Professeur à l'École d'affaires
internationales de Sciences-Po Paris

Martin Stephan
Directeur général adjoint de Carbios

Volkan Tanaci
Fondateur de CityBzz

Aurélie Thévenet
Fondateur de Linestie

Jean Todt
Président de la FIA

Albert Toikeusse Mabri
Ministre des Affaires étrangères de la république de Côte d'Ivoire

Camille Thomas
Violoncelliste

Vincent Tomasetig
Coordinateur de groupe, Maker Béarn

Michaël Trabbia
Directeur Exécutif Technologies et Innovation d'Orange

Marie Trellu-Kane
Présidente-fondatrice d'Unis-Cité

Cécile Verdier
Présidente de Christie's France

Agnès Verdier-Molinié
Directrice de la fondation iFRAP

Augustin Verlinde
Fondateur de Frizbiz

Gilles Vermot Desroches
Directeur Développement durable de Schneider Electric

Daniel Vervloet
Président de la FFAL

Martin Vial
Directeur général d'Europ Assistance

Frédéric Vincent
Président de Nexans

Benoît Voituriez
Directeur administratif et financier du Ballet Preljocaj

Jean-Pierre Wiedmer
Président de HSBC Assurances

Pascale Witz
Présidente de PWH Advisors

Camille Zonca
Cofondatrice de Label Famille

DEBATS PUBLICS

Retrouvez-nous sur
le site Internet de Débats Publics

www.debatspublics.com

Débats Publics s'engage dans une démarche
de développement durable par respect pour ses lecteurs
et pour l'environnement.

La conception, la composition et l'impression
de ce livre ont été réalisées en France.

Conception graphique : A noir
Composition et mise en pages : Nord Compo
Impression : Normandie Roto Impression s.a.s (2202863)

Première édition : Novembre 2022

Cet ouvrage est également disponible au format eBook.

L'imprimerie Normandie Roto SAS est labellisée Imprim'Vert®,
et la couverture ainsi que le papier intérieur de l'ouvrage
sont issus de forêts certifiées PEFC.

ISBN : 978-2-37509-719-9
Achevé d'imprimer en octobre 2022
N° d'impression : 2204864
Dépôt légal : novembre 2022

Imprimé en France

PEFC
10-31-2541
Certifié PEFC
Ce produit est issu de forêts gérées durablement et de sources contrôlées
www.pefc-france.org